幕末明治の戦乱と現代

みさき　たろう

風詠社

目　次

幕末明治の戦乱と現代

（一）〈武士による突出〉

安政五年（1858年）四月、井伊直弼《いいなおすけ》が大老に就《つ》くと日米修好通商条約が調印されその後オランダ・ロシア・イギリス・フランスとも調印された。翌年の六月四日オールコックは駐日総領事の任を受けて長崎に着き七月三日に高輪《たかなわ》のイギリス公使館となっていた東禅寺に入った。同年十一月三十日付で公使に昇任した後に文久元年（1862年）から約二年間は一時帰国するがその間はウィンチェスターとニールが代理公使を務めた。再び日本にやって来て帰任したオールコックはそれからわずか八ヶ月過ぎた元治元年（1864年）の暮れに、ある理由で本国から召還命令を受けて解任となり神奈川領事だったウィンチェスターが再び代理公使を務めていたが翌年の七月にハリー・パークスがやって来て正式に公使着任となった。この期間には軍艦を乗りつけて日本にやってきた各国関係者への武士階級による突出が頻繁に起きた。駐日公使や外国人商人は政府（幕府）の取締りを信用できずにいる情況が長期に亘り、突出は組織的になり外国人ばかりではなく幕府を窮地に追い込むために行われる様になった。安政六年（1859年）七月二十七日に横浜でロシア艦の二名の乗組員が殺傷されるとこれを皮切りに同年十月十一日神奈川でフランス領事館の中国人従事者殺害、安政七年（1860年）一月七日にイギリス公使館の日本人通訳が殺害、二月五日に横浜でオランダ人船長二名の殺害、九月十七日フランス公使館従業員ナタールが片腕を切られて負傷、十二月四日アメリカ公使館通訳ヒュースケンが殺害、文久元年（1861年）五月二十八日イギリス公使館襲撃（水戸浪士による第一次東禅寺事件）、文久二年（1862年）五月二十九日、同じ東禅寺での松本藩士によるイギリス兵二名の殺害（第二次東禅寺事件）、「攘夷《じょうい》」とは性格が全く違うものであるが同年八月二十一日横浜の生麦で起きたリチャードソン殺害事件（生麦事件）、同年十二月十二日に品川の御殿山《ごてんやま》に建築中のイギリス公使館を高杉晋作らが襲撃、文久三年（1863年）五月十日からの長州藩によるアメリカ商船砲撃、五月二十三日フランス軍艦、五月二十六日オランダ軍艦への一連の砲撃があり、これに対してはアメリカとフランスから個別の報復攻撃を受けた。リチャードソン事件の決着をつけようとするイギリスは代理公使ニールが文久三年（1863年）六月二十二日に艦隊を組んで鹿児島へ向かい七月二日に交戦状態となった（薩英戦争）。同年九月二日フランス人士官カミュスが井土ヶ谷で斬殺、文久四年（1864年）六月七日長州藩がアメリカ商船を砲撃、八月五日イギリス主導の四ヶ国（英・仏・米・蘭）連合艦隊による下関砲撃・上陸戦となり長州藩は講和を結んだ。その後も元治元年（1864年）十月二十二日イギリス人士官ボールドウィンとバードの二名が鎌倉で殺害される。オールコックは軍事行動を認可しないラッセル外相により本国へ召還されるが武士階級による突出は続いた。

アメリカ公使館通訳のヘンリー・ヒュースケン（二十八歳）は万延元年（１８６１年）十二月四日港区芝で薩摩藩の攘夷派八名の襲撃を受け殺害された。外国人襲撃の情報は各国公使館で共有されていたが当時の様子をオールコックは自著の『大君の都』で以下の様に記している。「……大通りを通行する紳士にたいして石が投げられ、打撃が加えられ、刀が抜かれるのである。……数日前ヒュースケン氏が……一撃を加えられた……その後一両日して……白昼町のまん中で投石され……何百人もの大の男から……執拗に襲撃され……二名の官吏《かんり》が当時居合わせたにもかかわらず……とめようとして手を動かすこともなかった……ときには役人が襲撃者であり……ついにはもっと大規模な惨劇をまねく……」。オールコックはこのままでは外国人への大虐殺が起こると懸念していた。高輪《たかなわ》の東禅寺の公使館で生活していたオールコックは一旦横浜へ退去する。「……もし不幸にしてこれ以上の生命が失われることになれば、国家的な災難をもたらす恐れがある。……神奈川ないし横浜に……同地ならば、必要とあれば自由にイギリス軍艦から保護手段をえられるのみならず……」（前著より）と危機を感じての対応であった。軍艦で乗り着けた外国勢に民衆や役人までが反目する中での突出した行動は一定の効力をもっていたのである。オールコックが一時帰国しその代理としてニールが着任して間もなくアーネスト・サトウが横浜に着き書記官、その後に外交官となるが、カミュスの事件について以下の様に記録している。「……胸の左わきは心臓のところまで切り込まれていた。どの切り口も全くあざやかで、腕の立った剣士の手に握られた日本刀がいかに恐るべき武器であるかを如実に示していた。……外国人社会はひどい恐怖におそわれたのである」（『一外交官の見た明治維新』より）。サトウに遅れて書記官として着任したA・B・ミットフォードの『英国外交官の見た幕末維新』の中には当時の日本で生活する外国人の状態をよく表している箇処がある。「我々の留守の間に公使館で悲劇が発生したことを知った。……我々の同僚であった通訳生は昼も夜も彼に付きまとう恐怖感で頭がいっぱいになり、公使館の門から決して出ようとせず、第九連隊の一団とおおぜいの護衛がいるにもかかわらず、さらに防御を固めるためにアームストロング砲を二門本国から取り寄せて欲しいと公使に懇願したのである。ある晩、哀れな若者は……食事をして自分の部屋へ戻った。銃声が二度聞こえた。……自殺は伝染するというが、その週のうちで横浜で二度同じような事件が起きた」。「ほとんど四年の間、書類を書く時は必ず机の上にピストルを置いておく習慣であったし、寝室に入るときは手もとにスペンサー銃と銃剣を必ず置いていたのである」。突出に日本刀が使用されたことが外国人駐在員らに特に恐怖を感じさせ、護衛がついていても四六時中銃を離せなかったのである。

(二)〈生麦での突発事件〉

サトウが横浜に着いて一週間もしない内に事件は起きた。文久二年(1862年)八月二十一日の「リチャードソン事件」だ。同年の三月中頃に薩摩藩の藩父島津久光は一千名の藩兵を率いて京都へ向かった。目的は公武合体と幕政改革の意見書を軍力を見せながら天皇に奉呈《ほうてい》し幕府に決意を迫ることであった。その途中の四月二十三日に伏見の寺田屋に集まっていた自藩の攘夷《じょうい》派に「上意討《じょういう》ち」を行い説得に応じなかった有馬新七ら六名を討《う》ち取った(寺田屋事件)。さらに江戸へと向かい幕府に対して松平春嶽《しゅんがく》・徳川慶喜《よしのぶ》をそれぞれ大老職《たいろうしょく》・将軍後見職《こうけん》にするように要求し幕府の最高人事に干渉を行った。その帰路の八月二十一日神奈川の生麦《なまむぎ》で事件が起こった。藩内の攘夷派を討ち取ったばかりで報復行動も予想される緊張状態の中での出来事だった。午後三時頃イギリスの商人リチャードソンら男女四名が乗馬して横浜から川崎方面へ観光目的で向かっていると久光一行の行列に出くわした。槍を手にした行列の先導隊の制止をきかず乗馬したまま過ぎ久光の駕籠《かご》を守る本隊へと近づいたその時、行列の行動隊長で供頭《ともがしら》の奈良原喜左衛門《きざえもん》が「戻れ」と叫んだがこれを無視して列の中へ入っていったため奈良原はリチャードソンを斬りつけた。少し逃げたがこれに同じ供頭の海江田信義《かいえだのぶよし》が追いつき止《とど》めを刺した。他の三名は逃げ延びたが肩などに重傷を負った。薩摩側はこの事件について「列を害した者を仕留めるのは日本の常習である」と主張したがイギリスは聞き入れなかった。オールコックは本国に一時帰国していたが「責任者は日本政府である。政府は国際法によって責任を負っている。……これに欠けることがあれば、政府としての必須の性格をもはや有していない……」(『大君の都』)と全責任を幕府にとらせることを決め、これが不可能であるならば幕府を政権として認めないとした。幕府に対して正式な謝罪状と罰金として十万ポンドを要求、幕府は苦渋の選択であったがこれを受け入れた。次に薩摩藩に対して手を下した者を死刑にすること、被害者四名に対する分配金二万五千ポンドを支払うことを要求、拒否するのであれば強制手段をとるとニール中佐の名で要求書を出した。薩摩藩の翌年六月二十九日付の回答は「実行者の捕縄に注力したが他藩の領地に逃れていて不可能となっている」という内容のものであった。イギリスの要求は藩体制の存亡に関わるもので受け入れるわけにはいかなかった。イギリスは「リチャードソンを虐殺し、その同伴者の婦人、紳士に殺意をもって襲撃した主犯を、イギリス海軍将校の面前で、ただちに裁判をして、死刑に処する」と声明を出したが、始めから死刑と決定している裁判とは強者の論理であった。正当な裁判であるならば争う余地は十分にあった。事件現場は治外法権が適用される地域内ではあったがリチャードソンらの当日の行動は日本の国状にあう紳士的なものではなかった。イギリス人の行動は征服者のそれであったのである。彼等の行いは無礼行為で、警護についている者から攻撃を受けることは避けられないことであったが、イギリス側はこの事件を一連の攘夷による外国人襲撃と同種のものと判断した。島津久光は強力な公武合体の推進者であり開国派である。公正な裁判が開かれたのであればこの点でも争う余地は充分にあった。第一次東禅寺事件でオールコックは危ういところで助かったがその一年後に同じ東禅寺で今度はニールが狙われる第二次東禅寺事件が発生し、その三ヶ月後に発生したのが生麦での事件で外国人居留民たちは恐怖に陥った。ニールは解決を急いで本国の外務大臣ラッセルに事件の詳細を伝える報告書を書いて、自案として「五名以上の死刑、十万ポンドの賠償金、拒否した場合は開戦」を挙げて貴卿《ききょう》の判断に委《ゆだ》ねるとした。この報告書を元にしてパーマストン首相、ヴィクトリア女王、帰国中のオールコックの三者協議がもたれた。オールコックは日本で外国人が憎しみの対象になる理由を把握していた。日本人の生活に必要不可欠な油、蝋《ろう》、生糸などさまざまな品物が大量に輸出されて品不足になった結果大幅に値上りして日本人が困窮していること、そしてもう一つ「外国人が、かなり大規模に金貨の輸出を行なっていた。そこで政府は、それを強奪的な不法行為と見なして憤慨したばかりか、国をまったくの貧困状態におとしいれるという結果にいたく驚いた」（『大君の都』）と書いている。外国人による金《きん》の持ち出しが行われ不当な利益を得ていたのだ。持って来た外国銀貨を日本の金貨（小判）に両替えして上海や香港で両替えすると三倍になった。これに目を付けてくり返したので日本国内に小判が見られなくなってしまった。これらの要素が外国人憎悪に繋がり攘夷《じょうい》の口実になっていることを承知していた。文久元年（1861年）東禅寺のイギリス公使館は水戸浪士十四名による襲撃を受けた。中にいた書記官オリファントと長崎領事モリソンが斬られて負傷、オールコックもライフルを手にして対峙するという極めて危機的な状況であった。幕府から配置された日本人護衛が必死になって防衛しなかったならば彼の生命はここで終っていた。しかし彼は「百五十名の連中（※日本人護衛のこと）はだれひとりとしてわれわれを助けにやってこようとはしなかった」（前著より）と書いている。日本側の護衛二名が防戦の上死亡、多数が負傷し公使らを守ったことは事実以外の何物でもない。攘夷による襲撃を鎮静化できない幕府に不満をもつオールコック、ニールの薩摩藩に対する認識不足、対外高圧政策をとるパーマストン首相の意向が女王に承認され、幕府と薩摩藩に対する法外な賠償金と「犯人」死刑、拒絶すれば開戦することを決定した。ニールの私案がほとんど通ったことになる。生麦事件から半年後イギリスは軍艦八隻を横浜へ派遣、全艦十二隻で幕府や薩摩藩を威圧した。幕府は文久三年（１８６３年）五月九日賠償金十一万ポンド（四十四万ドル）を支払った。この中には東禅寺事件の賠償金一万ポンドが含まれている。戦争回避への責任を一手に担ったのは老中格の小笠原長行《ながみち》だった。将軍徳川家茂《いえもち》は朝廷に攘夷決行の日をこの年の五月十日と約束させられていた。賠償金を支払ったのはこの一日前で、支払いと同時に横浜・長崎・箱館の三港の閉鎖を外国代表に通告、在留外国人の退去を要求した。金は払うから退去れ、という主旨で朝廷への攘夷の約束も果たした。オールコックは日本側が防衛体制を強化していることをつかみ度々本国に報告していた。「多数の大砲が鋳造され……蒸汽船を購入し……準備は、あまりにも明瞭で……外国代表の注目をまぬがれることはできなかった。この事実を……わたしはいちどならず本国政府に通告した。……衝突と攻撃は近いうちに起こりうると見なしているか……さもなければ国交断絶を決意して……抵抗する準備をしているということである」（前著より）。これへの対策として「いままでよりももっと峻厳な懲罰が必要かもしれない。大名たちがどんなに抵抗しようとしても、大英帝国はいつでもこれを粉砕することができ……穏当な手段で効果がないなら、大名たちを粉砕するであろう」（前著）と武力侵攻策を進めた。今までの浪士らによる襲撃では反撃の鋒先《ほこさき》をどこに向けるか不明であったが、今度は薩摩藩という、はっきりした相手ができたのである。さらに小笠原長行が三港の閉鎖と外国人の退去を要求したことに対しニールは「ただ今閣下を通じて行われた軽率な通告は、……宣戦布告にほかなりません。直ちにこれを取り止めなければ、……最も効果的な懲罰によって、その罪を償《つぐな》わなければならぬでしょう」という極めて暴力的な返答をした。

この困難の中で日本国内では政治の分極が起こっていた。それは攘夷について朝廷と幕府から異なる命令が出されたことに起因する。即刻攘夷戦という朝廷命令と、外国勢力が攻めてきた場合は打ち払う、という幕府命令が各藩にそれぞれ出され混乱に陥った。五月十日、二十三日、二十六日と長州藩はアメリカ商船・フランス軍艦・オランダ軍艦を砲撃、これに対し六月一日にアメリカ軍艦ワイオミングが報復攻撃して長州の艦船三艦が沈没・大破して八名が戦死、アメリカ側も六名が戦死した。同月五日にはフランスの二艦が来襲、陸戦隊が上陸し砲台を破壊した。十四日、鳥取藩は石炭を求めて来航したイギリス商船に対し実弾を発砲、商船は沖へ逃れた。翌月二十三日京都守護職《しゅごしょく》松平容保《かたもり》に対し、諸藩に攘夷を徹底させるよう朝令が下り、これに従わない藩は官位を剥奪《はくだつ》するとした。長州の影響下にある公家が出した偽勅《ぎちょく》である。八月初旬、徳島と明石の二藩は艦船を発見すると朝命に従って砲撃して破損させたがこれは長州藩の船であることが後になって判った（『攘夷の幕末史』町田明広参考）。薩摩藩はリチャードソン事件から十ヶ月ほど過ぎた頃、着々と軍備を整えていた。「鎖国」期は長崎貿易で中国とオランダが相手であったが開国後はイギリスとアメリカが主要となり上海を中継地として茶・生糸・石炭などを輸出し洋酒・雑貨・船舶・銃器が輸入された。武器の輸入は幕府以外とは取り引きをしないという内容が条約に入っていたが、貿易業者はこれを無視し、外国側政府も黙認した。薩摩藩はアームストロング砲をイギリスとの戦争に備えて百門発注した。これは禁輸措置がとられたため実現しなかったがイギリス・アメリカで建造された軍用船を八隻備えていた。前藩主の島津斉彬《なりあきら》は集成館事業にかかる巨費の不足分を鋳銭《ちゅうせん》（偽金《にせ》）によって補填する計画を立てた。斉彬の死後、生麦での事件があった直後あたりからこの計画が実践され鋳銭局総裁の市来《いちき》広貫《ひろぬき》は久光の指示により多数の職工を使い天保通宝《てんぽうつうほう》を鋳銭した。薩摩は幕府でさえ簡単に立ち入ることはできなかったが、事件の後に対応を協議し、リチャードソン殺害に関わった者を差し出してイギリスの軍艦が派遣されても問題を引き起こすな、と指示を出した。久光は一年前に藩体制の改革を行い門閥《もんばつ》派を更迭《こうてつ》して精忠組《せいちゅうぐみ》の中山尚之介《なおのすけ》、堀次郎、大久保利通《としみち》らを登用した。精忠組は前藩主斉彬《なりあきら》を支持する中下級の藩士が集合していた。西郷吉之助《きちのすけ》（隆盛）がまとめ役で五十名程になり、一時は尊皇攘夷派へと変容し水戸の浪士らと大老井伊直弼《なおすけ》を殺害する計画を立てたが久光から止められ有村次左衛門《ありむらじざえもん》一名のみがこれに加わった。後に大久保らの穏健派と有村新七らの急進派に分岐したが伏見の寺田屋で急進派は穏健派の奈良原繁《しげる》・大山綱良《つなよし》らによって討ち取られた。率兵は当初からきな臭い臭いが漂っていた。文久元年（１８６１年）十二月七日、精忠組の伊地知貞馨《いじちさだか》によって芝にあった薩摩藩邸上屋敷に火が付けられ焼失した。これは参勤交代で藩主忠義が居住する上屋敷を焼失させて江戸行きを中止する口実をつくり、その代わりに久光が江戸へ藩兵を率いて行くことを実現させるための謀略工作だった。半年後にこれは発覚したが伊地知は鹿児島に逃亡していた。この様にして久光の京都から江戸への率兵が実現された後の帰り途に起きたのが生麦事件であった。

（三）〈イギリスを迎え撃つ〉

横浜に集結していた十二艦のイギリス艦隊の中の七艦が文久三年（１８６３年）六月二十七日鹿児島湾内に入った。代理公使のニール中佐の他指令役のキューパー提督《ていとく》、アーネスト・サトウら通訳や外交官も上艦し、艦船にはアームストロング砲など最新式の砲が百門以上搭載《とうさい》されていた。翌日の早朝、薩摩藩の二名の役人が舟で寄って来たので要求書を手渡した。その内容は、生麦事件の実行者の死刑と賠償金二万五千ポンドの支払い、回答期限は二十四時間以内というものだった。要求に応じる理由は一片も無く、しかもリチャードソンを討ち取ったのは奈良原喜左衛門と海江田信義《かいえだのぶよし》の、二名とも精忠組であり、精忠組が戦争の前面に立つことになる。事件から十一ヶ月過ぎていたが薩摩藩は当時の日本で最大口径の百五十ポンド砲と九十門の砲台を作り訓練を重ねていた。要求書を受けとった翌日の午後、西瓜《すいか》売りを装った奈良原、海江田、伊地知正治《まさはる》ら八十名を乗せた二隻の船が旗艦ユーリアラス号に切り込もうとしたが見破られて失敗した。これは奇策であったが攻撃は薩摩によって開始されたのである。その日の夕方になって要求書への回答が届けられた。「殺害の実行者は発見できなかった。賠償金は実行者が逮捕されてからの問題である」という進展の無い内容で、イギリスの満足できるものではなかった。イギリスはまだ薩摩の戦意が高揚している事に気付いていない。軍艦で威圧して回答を迫る第一の作戦は失敗した。これはイギリスにとって想定外の事だった。今度は沖合に投錨している三隻の蒸汽船を拿捕《だほ》し、これを担保にして譲歩を引き出す作戦に移った。悪天候になっていたが七月二日の夜明けに作戦開始となった。四艦で接近し白鳳《はくほう》丸・青鷹《せいよう》丸・天佑《てんゆう》丸を拿捕し二名を捕虜にした。これを一隻ずつ繋いで桜島の下に碇泊《ていはく》して薩摩の出方を注視した。

天候は増々荒れて暴風雨になっていたが正午になると薩摩の一斉《いっせい》砲撃が始まった。日本の一地方に過ぎない薩摩に何ができるか、と過小評価していたイギリス艦隊はこれによって大混乱に陥って応戦もできず旗艦ユーリアラス号が命中弾を受けて艦長と副艦長が戦死した。他の艦も被弾し浅瀬に打ち上げられてようやく逃げのびた。こうして第二の作戦も失敗に終った。その後、拿捕した三隻を焼き沈め沖合で集合し態勢を整えた。二時間近く過ぎて攻撃を始めると射程距離三千六百メートルのアームストロング砲の猛攻により薩摩の砲台は壊滅的状態となった。翌日さらに焼夷弾によって市街が焼かれ集成館の工場群も焼失した。ここでニールは海兵隊の上陸を主張したがキューパーはこれを拒絶した。総指揮のキューパーは、悪天候であること、自軍の死傷者が多数でていること、燃料の石炭と兵の食糧が充分でないこと、艦の損害が大きいこと、さらに鹿児島の市街を焼失させた戦果を考慮しての、軍人として冷静な判断をした。人的損失は薩摩側が死者五名負傷者十八名、イギリス側が死者十三名負傷者五十名であった。これがイギリス史でいう「鹿児島砲撃」である。七月四日イギリス艦隊は鹿児島湾から去っていった。

薩摩藩は幕府を出し抜いて世界の大国イギリスをはね除《の》けた。イギリスは敗北感で悔し紛れに城下を焼いたのである。後にキューパーは鹿児島の街を焼野原にしたことを本国の新聞で自慢げに語ったがこれはイギリス議会で過剰な攻撃だったとして追求された。通訳として上艦していたアーネスト・サトウは「鹿児島の街を破壊したのを自分の手柄にしているが、ブライト氏が下院でこの不必要な苛酷な行動に注意をうながしたのは、はなはだ至当であった」と『一外交官の見た明治維新』で述べている。イギリス艦隊が去った後に残ったものは壊滅した砲台と焼け野原となった市街であった。街を再建し領民の生活をとり戻し艦隊の再来襲に備えなければならない。藩は財政確保の為に鋳銭《ちゅうせん》事業の拡大を図《はか》り職工は四千名、日産額は七千両となった。砲台の再建の為に大砲製造を急ぎ、アメリカ製の二十四ポンド砲八十九門も入手した。しかし最新式の武器を得ようとしても長崎での貿易の九割がグラバー、オールト、リンガーらイギリス人によって握られていて、イギリス当局の介入もあって困難であった。

対英戦で主導的な役を担った精忠組はこの戦争により勢いをつけ西郷隆盛を沖永良部島《おきのえらぶじま》に流罪とするのに一役買った中山中左衛門《ちゅうざえもん》を失脚させ西郷の復帰を実現することになる。

（四）〈長州の密航留学〉

長州は文久三年（１８６３年）、攘夷戦の最中の五月十二日に五名の藩士がイギリスに向けて密航留学を図った。井上聞多《もんた》（馨《かおる》）・伊藤俊輔《しゅんすけ》（博文）・野村弥吉《やきち》（井上勝）・遠藤謹助《きんすけ》・山尾庸三《ようぞう》である。出国する五ヶ月前の文久二年十二月十二日、高杉晋作《しんさく》を隊長、久坂玄瑞《くさかげんずい》を副将にして、井上・伊藤は火付け役、山尾は斬捨《きりすて》役として完成間近の品川御殿山《ごてんやま》のイギリス公使館の焼打ちを行い全焼させた。「品川の村を見下す御殿山の……建築中であった建物が、浪人の襲撃で破壊された事件……伊藤公爵《こうしゃく》がまだ駆け出しの若者であった頃、この浪人の一味であったということだ。我々は……そのことで何度か彼をからかったことがある。……彼は……あえてそれを否定せず、ただ笑うだけであった」。これは後にイギリス公使館の書記官として日本に来たＡ・Ｂ・ミットフォードの『英国外交官の見た幕末維新』の中の一文である。伊藤は吉田松陰《しょういん》が指導する松下村塾《しょうかそん》に入門したものの足軽の出で身分が低いことを理由に塾の敷居をまたぐことを許されず、外に立って聴講を受けた。安政六年（１８５９年）十月に桂小五郎《かつらこごろう》（木戸孝允《たかよし》）の従者となり井上、高杉、久坂らと尊攘激派として活発に活動していたが留学を志願して二年以上待ってようやく藩当局の許可がでたのであった。密航の窓口となったのはジャーディン・マセソン商会の長崎支店長をしていたグラバーという貿易商だった。五人の旅費と滞在費一年分が支払われ、小型蒸汽船から沖に待機していた大型船に乗り換えて五日後に上海《シャンハイ》に着いた。長州藩が攘夷の先鋒であることは把握されていたがグラバーが熱心に薦めたので留学生の中に自国の公使館を焼いた者が三名も含まれていることはイギリス当局も疑う余地が無かった。

伊藤と井上は先発組として帆船ペガサス号、山尾と野村と遠藤の三名は十日後にホワイト・アダー号で上海を後にした。井上は藩の中級の出自《しゅつじ》で年令も伊藤よりも上で兄貴分であったが、上海の近代化した港を見た途端に攘夷は不可能であると語ったが伊藤は返答はしなかった。旅費を払っていたのに船中では仕事をさせられ雨水を飲み乾パンを喰わされた。九月二十三日ロンドンに着くと一度後発組と合流した後に二ヶ所に分宿して伊藤・井上は政治、野村・山尾・遠藤は自然科学をロンドン大学の聴講生として学んだ。寄宿先や学舎を手配したのはジャーディン・マセソン商会で、アヘンの貿易など政府の関連企業として実績をあげていた。

（五）〈薩摩の和戦〉

鹿児島での砲撃戦の直前にイギリスは二名を捕えて捕虜にした。「十五日払暁《ふつぎょう》汽船の拿捕を開始した。……ところが……決して捕虜を獲るつもりはなかったのだが二人の日本人が……残っていて私に向って五代と松木弘菴であると名乗った。この二人は旗艦に移されてからオタニ（Ｏｔａｎｉ）と柏《かしわ》という変名を用いた」。アーネスト・サトウによる前著の一文であるが、二名は抵抗もせずに汽船を差し出し変名まで与えられている。この二人というのは五代才《さい》助《すけ》（友厚）と松木弘安《こうあん》（寺島宗則）で、戦争に反対し講和をしようとイギリスの軍艦が来るのを汽船の中で待っていたのであった。反戦派に耳を貸す者は他にいなかったが直談判で講和をして、その後に自刃《じじん》すると決めていた。五代は上海へ三度、松木は欧州へ渡航経験があり西欧の情勢をよく見ていてイギリスとの懸橋になる十分な資質を持っていた。

二人は横浜に連行された後に解放され変名で亡命生活に入るが、イギリスから五十両の仕度《したく》金《きん》を預かり潜伏しながら長崎のグラバー邸にたどり着いた。船まで差し出しての敵前投降であったので藩も必死になって捜し出し見つかれば処刑されるのは明らかだった。イギリスはグラバーを通して二人の安全を保障した。

文久元年（１８６１年）に設立されたグラバー商会は初めの内は生糸や茶を輸出していたが後に武器を取り扱うようになった。商売と同時に親会社のジャーディン・マセソン商会が政府と密接な関係を持っていることからグラバーも英国公使館と情報の交換を綿密に行っていた。

長崎に無事に着いた二人はグラバーとあっという間に懇親な間柄になっていた。二人の情報から薩摩藩が銃砲や蒸汽艦を手に入れたいということが判った。グラバーは薩摩藩に武器売却を条件にイギリスとの講和を奨めた。イギリスとの関係をこれ以上悪化させたくない薩摩は二名の生命を保証すると同時にイギリスとの緊張を解くことに決めた。砲撃戦からふた月余り過ぎた頃にグラバーの元に使いを出してニールとキューパーへの伝言を頼んだ。その内容は、「今後は親交を深めたい」、というものだった。しばらく過ぎて久光側近《そっきん》の小松帯刀《たてわき》がグラバーを訪ねて、「これからは仲良くしたい」、と正式に申し入れて公使とグラバーの双方の鹿児島訪問を要請した。

九月二十八日から十月五日まで三回に亘る交渉が横浜の英国公使館で行われた。一回目は薩摩が数名、英国はニール代表公使らが出席、英国は生麦事件を非難したが薩摩も汽船掠奪を非難し紛糾となり、間に幕府が入り次に継いだ。二回目は十月四日に開かれたが前回と同じ結果となった。三回目はその翌日に開かれ、和睦《わぼく》派で固めた薩摩側は幕府の意向も汲んで賠償金の支払いに応じることにした。生麦事件の実行者も後に捕縛して公使らの目前で処刑するとしたが、その条件として軍用艦の建造を出した。ニールはこれの斡旋を了承、本国の外務大臣ラッセルに確認をとった。賠償金二万五千ポンドは幕府から借用してニールに支払われ、発注した軍艦は二年後に引き渡された。

アーネスト・サトウは中国（清）で通訳を務めた後に生麦事件が起こる六日前に横浜に着き通訳・書記官、後に外交官として日本に滞在し公使の知恵袋となって補佐した。主だった藩や幕府・関係各国の動向、政治的事件の性格を詳しく調べ有力藩に限らず幕府内にも協力者を作った。通訳・外交官であったがその実質は叩き上げの優秀な政治工作員で、公使館の対日方針はサトウの意見が大きく作用していく事になる。

リチャードソンらを殺傷した実行者の逮捕・処刑についてサトウは「しかしニール大佐は、薩摩の方にこの約束を実行する気のないことを見抜いていたようだ」と前著の中に記している。「犯人の死刑」については、ニールはこれ以上の追求は無理なばかりかむしろ負になると判断し、相互の利益の優先を選んだ。薩英戦争は「攘夷戦」ではなく「自藩防衛戦」であった。薩摩藩は密貿易をしてきた開国藩であったのである。

（六）〈混乱する京の都〉

薩摩藩が鹿児島の復興にかかる中、京の都は混乱に陥っていた。長州藩や他の地域の即刻攘夷派が京都に集結し、その威を借りた攘夷派の廷臣《ていしん》が朝議を支配する様になった。幕府に対しては即刻に攘夷戦を実行する様に要求、将軍後見職《こうけんしょく》の徳川慶喜《よしのぶ》はこれに抗議して辞表を提出した。将軍家茂《いえもち》（十五歳）は大坂で身動きできず救援のため老中小笠原長行《ながみち》が江戸から千四百名の幕兵を率いて入京しようとする危機一髪の情況となったが、在京の幕閣が制止し衝突は寸前で止められた。

イギリスとの講和を決めた薩摩藩はこれを妨害しようとする長州を駆逐することに決め朝廷内で幅を利かせる攘夷派の廷臣たちも排除する事を決めた。これらの廷臣は朝廷を長州一色に塗り潰す勢いをもって八月十三日には「大和行幸《やまとぎょうこう》の詔《みことのり》」を発するに至った。これは天皇が自ら軍を率いて攘夷を実行する、というもので、孝明天皇にその様な意志は毛頭無く苦悩の元となった。また薩摩藩と関係が深い中川宮へ「西国鎮撫《さいごくちんぶ》大将軍」の任務を強制し、近衛《このえ》家父子への圧力も強めた。

天皇の「大和行幸」は攘夷急進派の思想的首領の真木和泉《まきいずみ》や久坂玄瑞《くさかげんずい》らの提言によるもので、天皇が軍を率いて大坂に引き留めておいた家茂に攘夷戦を行うよう迫り、これがならぬ場合は軍事権を天皇が行使するという、倒幕論であった。そして「西国鎮撫《ちんぶ》大将軍」の任命とは、西国の諸藩に対し攘夷攻撃を促《うなが》すことであるが、これは中川宮を西国へ放逐して天皇との分離を謀《はか》るもので、公武合体派の中川宮に対する嫌がらせであった。

朝廷内での意志決定権も失う状況になってしまっていた孝明天皇は中川宮に対して「軍備もできぬ中で攘夷戦を行うのは……時期尚早で大和行幸は延期にする」と伝えた。中川宮も鎮撫大将軍を任命されたことに四苦八苦していた。幕府は体制を固めるために将軍後見職・政治総裁職・京都守護職の三職の設置を決め十五歳の将軍家茂《いえもち》を支える将軍後見《こうけん》職には水戸の徳川斉昭《なりあき》の七男一橋慶喜《ひとつばしよしのぶ》が、政治総裁職には越前《えちぜん》福井藩主の松平春嶽《しゅんがく》（慶永）の就任が決まったが京都守護職は頭打ちして容易に決まらなかった。守護職は首都京都において京都所司代・京都町奉行・大坂城代をも管轄し軍事執行の権限を持つ大任中の大任であったが、この指名を受けたのは会津藩主の松平容保《かたもり》だった。

容保は自身が病弱である事、藩が財政難である事、家臣らの同意が容易には得られない事を考慮し、これを謝絶したものの会津には徳川を全力を尽して守れと言う、藩祖保科正之《ほしなまさゆき》の残した家訓《かきん》があり苦悩の日々が続いたが、松平春嶽の説得や高須藩藩主の父義建《よしたつ》の励ましもあり暫くしてからこれを引き受ける事を決意した。文久二年閏《うるう》八月一日のことであったが、この年の七月に長州藩は穏健な航海遠略策を破棄して藩論を「破約攘夷《はやくじょうい》」と決していた。これは桂小五郎・久坂玄瑞《げんずい》・高杉晋作ら松下村塾勢が藩論を掌握したことに起因する。容保は十二月二十四日に一千名の藩兵と共に京都に入った。

藩兵の行動は当初は抑制的なものであった。井伊直弼《なおすけ》による安政の大獄を繰り返してはならないという教訓があった。急激な締付けを行えばその反動が起こることを案じたのである。

京都に着いて二十日ばかり過ぎた文久三年（１８６３年）一月十四日の夜、二十名程の浪士が町奉行の長屋に押し入って役方《やくかた》の首を切り落した。同月二十二日深夜に儒学者池内大学《いけうちだいがく》が大坂の自宅に戻ったところを首を切り取られて難波《なんば》橋の上に晒《さら》された。両耳は切り取られ公武合体派の公卿《くぎょう》中山忠能《ただやす》と正親町《おおぎまち》三条実愛《さねなる》の邸内に投げ入れられ、恐怖によりこの二人は議奏《ぎそう》の辞職を申し出た。池内大学は攘夷派の知識人であったが幕府との関係を疑われて土佐浪士の岡田以蔵《いぞう》によって殺された。

二月一日の朝、一橋慶喜が宿泊する東本願寺の入口に首が置かれていた。前日の夜公武合体派の公家千種有文《ちぐさありふみ》の賄《まかな》いの家に十数名が押し入って両腕と首を切り落とした。門前の首はその賄いのものだった。また右腕は千種邸に、左腕は当時公武合体派だった岩倉具視《ともみ》邸へ届けられた。この事件後に千種・岩倉ら六名に重謹慎などの処分が下された。攘夷派が朝廷を制圧していて、恐怖に晒《さら》された公家が更に追い討ちの処分を受ける事になった。

朝廷内で反幕運動を行っていたのは下級の公家が中心で、これらは苦しい生活を強いられていた。その端緒は幕府が朝廷側に資金を出し渋った為で、強い反幕感情を持っていて、即刻攘夷運動は反幕運動と同義のものとなっていた。これを「破約攘夷」を藩論とした長州藩が支援し同調者として獲得した。

姉小路公知《あねがこうじきんとも》は即刻攘夷派の公家の一人であったが後に親幕府に変節した。五月二十日、御所を出たところを薩摩の攘夷派の田中新兵衛《しんべえ》ら三名に襲撃され殺害された。これは寝返りに釘をさす意をもつテロであった。この後親幕派と目された久我建通《こがたけみち》・富小路敬直《とみのこうじひろなお》・今城重子《いまきしげこ》・堀河紀子《もとこ》らを弾劾する文書が三条実美らによって提出された事により八月中旬に辞官・出家の処分が下された。そのひと月後に京都からの追放令が追って出されると土佐勤王党の武市半平太《たけちはんぺいた》は「出ていかなければ首を晒《さら》す」とテロの予告を出してこれを補完した。

年が明けて二月二十三日に二百三十余名の剣客集団が京都に入った。粗雑な集団で遊興費を商家に強要するなどして周囲から恐れられたが三月半ば、守護職から正式に市中警備を任されることになった。

（七）〈八月十八日の奸吏《かんり》除去〉

薩摩藩は長州の影響下にある公家を排除しイギリスとの緊張の弛緩《しかん》を図る必要があると決めていたが、在京の長州藩兵が二千名に対し自藩は百五十名しかいなかった。

親密にしていた中川宮から朝廷内の窮状を伝えられた薩摩藩邸交渉役の高崎正風《まさかぜ》は容保《かたもり》の側近で会津藩公用方の秋月悌二郎《あきづきていじろう》に面談し、これらの公家の除去の必要を訴えた。

この後秋月は容保《かたもり》に高崎の主張を伝え、容保はこれを薩摩による正式な申し入れと受けとめた。孝明天皇もこれらの除去を決意しており、薩摩と中川宮と会津が中心となって八月十七日までに計画が練られた。

この計画に関与した薩摩の藩士は高崎の他に奈良原幸五郎《ゆきごろう》・上田郡六・井上石見《いわみ》がいたが留守中の西郷・大久保ら精忠組との脈路は無く、奈良原は精忠組とは少し距離を置く立場であった。この計画は極秘であったため江戸にいた統括役の吉井友実《ともざね》（精忠組）にも知らせなかった。

そのため「即刻攘夷派の排除」で薩摩と会津は一致したが薩摩の中心を成す精忠組との人的回路を創ることができなかった。

十八日の午前一時、守護職松平容保・所司代稲葉正邦《まさくに》・中川宮が参内し諸藩兵が御所九門を閉鎖した。しばらくして朝議が開かれ、即刻攘夷派の参内《さんだい》・外出の禁止、長州藩兵の追放などが決められた。

翌十九日未明、「外出の禁止」を破って三条実美・沢宣嘉《さわのぶよし》・東久世《ひがしくぜ》通禧《みちとみ》ら七名は長州藩兵に守られ京都を去った（七卿落《しちきょうお》ち）。朝廷は七名が禁足の朝命を破って京を出たことを理由に官位を停止する処分を下した。

こうして恐怖を背景に圧力を加え偽勅《ぎちょく》（ニセの天皇の命令）まで出す様になった奸吏《かんり》を取り除く事ができた。これを機に会津は孝明天皇から大きな信を得るが、長州はこれを逆恨《さかうら》みする。会津に政治的野望は見られず抑制的であった。「謀《はか》り事を考えるな」というのが容保の信条で、治安の維持と政治を徹底して分別していたのである。この正当性が在京諸藩から承認された結果「八・一八」は実行された。主体となった側に「クーデター」の意志を見る事はできない。

十八日に守護職に連携し御所の門を固めたのは徳島五百二十三名、岡山同じく五百二十三名、鳥取四百六十八名、米沢と淀が四百六十八名、熊本三百四名、金沢二百六十九名、水戸二百四十一名、土佐が百九十三名、盛岡十八名、広島十六名など在京のほとんどの藩と薩摩百五十名、会津が守護職として千八百八十八名を動員した。長州と行動を共にしたのは清末《きよすえ》藩と岩国藩の二藩のみであった。

一触即発の危険な場面もあったが、こうして長州の目論見《もくろみ》は破られ、「大和行幸《やまとぎょうこう》」の計画にあわせて急進派公卿中山忠光《ただみつ》を主将とする先鋒の天誅組《てんちゅうぐみ》は大和国《やまとのくに》（奈良）で八月十七日に五代《ごだい》代官所の代官らを殺害し、翌日に「天朝直轄地・年貢半減」などを宣言して倒幕の蜂起をしたが、「八・一八」によって大和行幸は中止となり天誅組は追討の対象となった。その結果九月十九日に幕軍の総攻撃を受け壊滅状態となり忠光は反乱軍を解散した。

ここに久坂・高杉らによって半年前に自刃に追い込まれた長井雅楽《うた》の最後の句がある。

ぬれ衣《ぎぬ》のかかるうき身は数ならで唯《ただ》思はるる国の行末

（身に覚えの無い罪をかけられた身上は取るに足りないが、国の将来がただ心配だ）

（八）〈池田屋騒動・新撰組が前面へ〉

長州勢力は京坂地区に潜入し再起の準備を進めた。ここには長州を主体として水戸浪士、因州（鳥取）藩士、水口《みなくち》藩正義党、肥後勤皇党、久留米藩士、土佐勤皇党、薩摩攘夷派、天誅組の残党らが入り交じっていた。

元治元年（１８６４年）五月頃になるとこの周辺で頻繁に殺人テロが起こる様になった。探《たん》索《さく》方は古物商をしている男の処に不審な者が多数出入りしていることを突き止めた。江戸からやって来た剣客集団は八・一八に出動して評価を得て名称も「新撰組」となった。六月五日の早朝、新撰組がこの古物商の家に踏み込んで男を捕らえた。

近江《おうみ》の出の郷士《ごうし》で名は古高俊太郎《ふるたかしゅんたろう》と判ったが口が固いので拷問にかけられると遂に計画を自白した。潜伏中の勢力が御所の風上の民家に火を放ち、混乱の中で将軍後見職と守護職・京都所司代の三職を殺害し天皇と中川宮を長州へ連行、山口城を禁裏《きんり》（御所）にした後に攘夷戦を開始する、という内容だった。

新撰組隊長の近藤勇《いさみ》がこれをすぐに守護職に知らせると各藩にも警戒を要請し、守護職と所司代の兵には出動命令が出された。

新撰組が近藤隊と土方《ひじかた》隊の二手に分かれて市中の探索を行ったところ池田屋という旅籠《はたご》に長州と肥後・土佐の浪士ら三十余名が集合している事が判った。

近藤隊長が「御用改めでござる」と叫ぶと、突然斬り込んできた一人を隊員が斬り捨てて互いに刀をもっての乱戦となった。近藤隊は十名しかおらず負傷する者も出て危うい情況になったが暫《しばら》くして土方隊が来たので長州勢は逃げ場を探し出し、守護職や所司代の本隊が来た頃には決着はついていた。

この日長州勢力は肥後《ひご》の宮部鼎蔵《ていぞう》や松下村塾幹部の吉田稔麿《としまろ》ら七名が死亡した他負傷四名、捕縄二十名の大損害を出した。これは古高《ふるたか》は絶対に口を割らないだろうと過信して安全策を早急にとらなかった失策によるものである。新撰組も奥沢栄助が死亡、三名が重傷を負った。

この後逃亡者の捕縄は深夜に亘っても続けられ他に二十余名が捕えられたが会津五名、彦根四名、桑名二名の各藩兵が反撃を受けて死亡した。

（八）〈池田屋騒動・新撰組が前面へ〉

この騒動の少し前の五月二十一日に会津藩士の松田鼎《かなえ》が八・一八の報復として殺害されていた。先に人員に対して刀を使ったのは長州であった。その五日後の五月二十六日には八・一八を主導した中川宮の用人《ようにん》の高橋建之丞が殺害された。これらの事件と共に今回明らかとなった長州勢力の謀略計画は守護職の治安方針を大きく変えることになった。取締りの対象が組織的総力戦へと変化していくことに対応しなければならなくなったのである。

（九）〈参予《さんよ》会議と久光の決意〉

朝廷は一橋慶喜・松平春嶽・山内容堂・伊達宗城《だてむねなり》（宇和島）・松平容保の五名を朝議参予《さんよ》に命じ、年が明けた元治元年（１８６４年）一月十四日に八・一八での薩摩藩の功績を認め久光も参予に任命した。久光はこの会議を牽引しようとするが課題は長州藩への対応と横浜鎖港についてで、前者については七卿の身柄の引き渡しを要求し、拒否すれば侵攻する事で合意を見たが、鎖港問題についてはイギリスとの講和で開国へと針路をとった久光が難儀を強いられる。春嶽も宗城《むねなり》も開港継続を主張するが、慶喜と久光らが対立するのを見ていた天皇は気分が落ち込んだ。因《ちな》みに会津は「開国」であるが守護職という立場に徹して主張を自制している。孝明天皇の政治的意向とは攘夷であり、しかしあくまでも朝廷と幕府が一体となってのそれであったのである。流れを好転させようと気遣《きづか》った中川宮は諸侯らを自邸に呼んで酒席を設けたが、ここで酒に飲まれて自制を失った慶喜は久光・春嶽・宗城《むねなり》の三名を馬鹿者呼ばわりした。独立国的封建領主として自尊意識が特に強い久光にとってこれは許容を超える屈辱だった。前藩主斉彬《なりあきら》が親しくしていた水戸の斉昭《なりあき》の七男で幼時から賢才として名高かった慶喜を将軍後見職に抜擢《ばってき》させたのは久光で、率兵して江戸まで行った事の結実であったと信じていたが、意見の相異があるのは別としてこの様な無礼を受けて後悔するに至った。

諸侯は三月九日に辞表を出し会議は三ヶ月で消滅した。

久光は鹿児島へ去って行くが、家老の小松帯刀《たてわき》と沖永良部島《おきのえらぶ》から召還された西郷隆盛の二人に対して幕命には飽くまで従わず朝命にのみ従うようにときつく釘を刺した。京都における体制は、小松が総司令官、西郷が司令官（軍賦）、大久保利通《としみち》が司令官補佐の役で固まった。

（十）〈水戸の「破」と禁門の変〉

長州と水戸の「天狗党《てんぐ》」は互いに呼応する東西同時蜂起を謀《はか》った。元治元年（1864年）三月二十七日、一党の藤田小四郎《こしろう》らは幕府に横浜鎖港を迫る為六十名以上で筑波山《つくばさん》で挙兵、人員と資金を獲得する為に茨城から栃木周辺で金品強奪・放火・殺人を繰り返した。栃木宿では六月五日の夜、金の差し出しを渋った町の市街二百戸以上を焼失させ火消しらをも殺傷した。

農民・浪士らを糾合し天狗は千四百名程になったが、まもなく追討令が出て周辺の諸藩合同軍との戦闘が始まった。一党に反感を持つ住民らも反撃する様になり、十日に友部《ともべ》（笠間）、十三日に中妻（常総）、二十一日の諸沢《もろざわ》（常陸大宮）で略奪にやって来た一党を打ちのめした。

十一月一日に武田耕雲斎《こううんさい》を首領として大子《だいご》村を出発し京都に向かったが、十二月十七日の幕府合同軍の総攻撃を目前にして加賀藩に投降する事を決め、八百三十名が捕縄、この中の三百五十名が処刑、他は遠島・追放の処分となった。長州勢力に呼応する一党の蜂起は万延元年（1860年）七月に長州と水戸の間で締結された「成破《せいは》の約」によるもので、水戸藩士の岩間金平《きんぺい》、長州藩士の桂小五郎らが関わり、長州が「成」、水戸が「破」の役を果たすことが決まった。

池田屋で打撃を受けた長州藩はそれから十日後の六月十五日、益田右衛門介《うえもんのすけ》・福原越後《えちご》・国司《くに》司信濃《しなの》の三家老が真木和泉《まきいずみ》ら他藩の浪士勢と藩兵を率いて京都に向けて進発した。参予会議が分解して対長州強硬派の久光が京都を去った空白時を狙った報復戦である。

益田・真木・久坂らは山崎口の天王山に九百名、福原は伏見口に七百名、国司・来島又兵衛《きじままたべえ》の隊が嵯峨の天龍寺に一千名で市街を押さえる様に拠点を築き「敵は会津藩のみ」と表明した。朝廷内では有栖川宮熾仁《ありすがわのみやたるひと》・中山忠能《ただやす》らが守護職の追放を天皇に要求して同調する動きを見せ、慶喜も方針を示せない中、孝明天皇は七月三日に「長州征討」の朝命を出した。

要所が押さえられたため市街への米の流通も滞《とどこお》っていたが、改めて十八日に長州は賊であるから追討せよと勅命《ちょくめい》を出した。これによって薩摩藩を含む幕府軍が掃討戦を行うこととなった。

守護職を受けたことによって矢面《やおもて》に立たされた会津藩であったが、新撰組がこの日に夜襲の準備を整えていたところ突如長州の全部隊が市街に侵攻を始めた。伏見口を警護していた彦根兵が福原隊に破られたが、新撰組と会津兵が駆け付けて福原は顔面に銃弾があたり部隊ともども大坂方面へ退ち去った。

間もなく砲音が響き急使が駆け付けてきた。山崎口から進軍した真木と久坂の隊が鷹司《たかつかさ》邸まで侵入し砲撃を始めていた。新撰組と会津兵が駆け付けてこれを挟撃すると隊は崩れて久坂は負傷した後自刃《じじん》し、真木は天王山へ敗走して籠城したが、包囲されると自ら小屋に火を放って焼死した。

十九日午前二時、会津と桑名《くわな》が守る蛤御門《はまぐりごもん》に来島《きじま》・国司《くにし》の一千名の部隊が攻撃を始めた。手

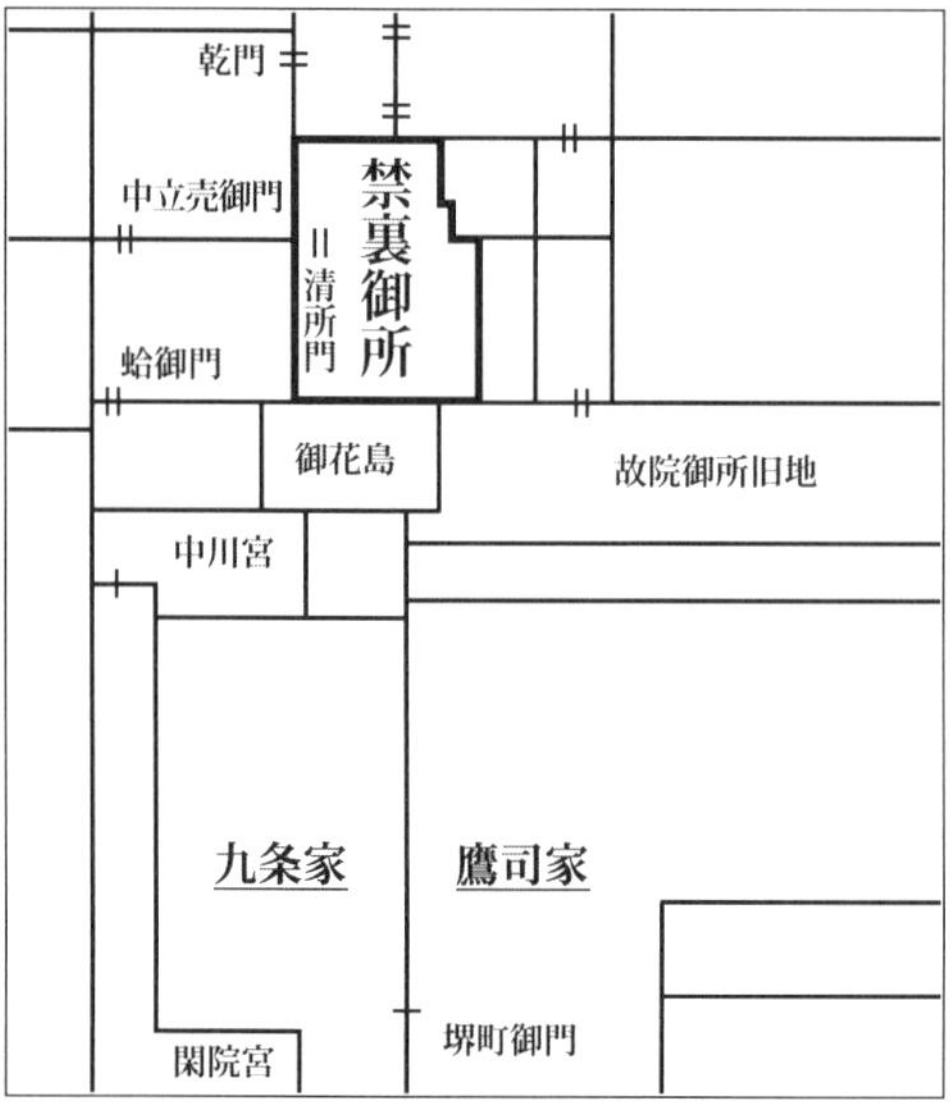

前の一条戻橋で二手に分かれると国司隊は隣の中立売御門《なかだちうりごもん》に廻って福岡兵を追い払い蛤御門を背後から攻撃した。来島《きじま》隊は正面から門の中に押し入って乱戦となった。ここで薩摩と桑名の増援が駆け付けると来島は銃弾を浴びて死亡、兵員は蜘蛛《くも》の子を散らす様にして逃げ去った。出撃の機会を狙っていた長州藩筆頭家老で総大将の益田弾正《だんじょう》の部隊は相次ぐ敗報を受けて進軍を回避して退去した。この日長州兵によって放たれた火は周辺の二万五千戸以上の家屋を焼失させた。

　長州は御所に向けて銃砲撃をしたことにより朝敵となり、七月二十三日に長州追討の勅命《ちょくめい》が発せられた。標的となった会津藩の戦死者は六十名、他に越前十五名、彦根九名、薩摩八名、桑名三名、淀二名で総戦死者数は九十七名、長州は二百六十五名であった。この「禁門の変」（蛤御門《はまぐりごもん》の変）で薩摩藩は援護の兵を出したが、これは幕命ではなく、朝命に従ったものであった。

（十一）〈下関戦争・「攘夷」の敵前破棄〉

薩英和睦が成立して間もなくの元治元年（１８６４年）春にオールコックが攘夷攻撃をくり返す長州藩に対する懲罰権を手土産にして日本に戻ってきた。「ラザフォード卿は帰任するに際し、実に大きな権限をあたえられてきていた。……われわれはもはや薩摩の好意を獲得したと言ってもよかったので……長州に対しても薩摩に対したと同様の手段を用いるならば、同じく有利な効果が得られるものと充分に期待していた」（アーネスト・サトウ『一外交官の見た明治維新』）。イギリスは薩摩藩が元々開国に理解のあることまでは把握していなかったが、長州と一戦を交えれば同じ様に親密になれると期待した。長州藩は関門海峡を通過する外国船に砲撃を行ない封鎖状態にしており生糸の輸出にも大きな影響がでていた。「これでは、ヨーロッパの威信が失墜すると思われた。……当方の決意を日本国民に納得させるには、この好戦的な長州藩を徹底的に屈服させて……」（サトウの前著）と、日本人に対しての見せしめとなることも期待した。

イギリス船が長州から砲撃を受けたことは一度も無かったが、オールコックはフランス・アメリカ・オランダと協議して四国連合艦隊で攻撃することを決定した。

ロンドンで留学生活をして半年ほど経っていた井上と伊藤の二人は自藩が西欧諸国の船に砲撃を行っている記事を当地の新聞で知って仰天した。説得して中止させようと他の三名を残し軍艦に乗って六月十日に横浜に着いた。オールコックに面会して帰国の目的を告げると身の安全を保障し下関まで届けるようにキューパー中将に命令を下した。二名の帰国に関してはイギリス側の特別な配慮があったが、その目的は戦争を止めさせるというよりは、この二名をイギリスの協力者に育てることだった。

戦争は決定済みであったが藩主への覚書《おぼえがき》を持たせて軍艦二隻を使って下関近くまで送り上陸させた。薩摩との関係で五代と松木がそうであった様に、井上と伊藤はイギリスにとって中継ぎのできる貴重な人材であった。

二隻の軍艦には各国の少佐・士官らと共にサトウも乗船しており、これは砲台や地形の調査の目的もあった。長州は激昂《げきこう》の渦中で止戦を訴える者などが上陸したら捕えられてすぐに首を刎《は》ねられてしまう危険は大きかった。十日後にサトウがいるバロサ号に二人が小舟で来て結果を聞くと、幕府と天皇から命令を受けて砲撃を行っているので天皇のところへ行って回答をもらうまで三ヶ月程かかるのでそれまで待ってほしい、という藩主のことばを伝えた。「外国側は天皇の側と直接話しをした方がよい」と残して退ち去り二隻の軍艦も偵察を終えて横浜に帰った。あとは予《かね》てから決めていた軍事行動をとるのみとなった。

七月二十七日、イギリスのキューパー中将を総司令官とする四国連合艦隊十七隻、総員五千名は下関へ向けて出航した。イギリスが九隻、オランダ四、フランス三、アメリカは南北戦争中で一隻で参戦した。

長州では井上らの説得は実らずに、「醜夷《しゅうい》を皆殺しと致し」と決戦を決めていた。しかし十九日に禁門の変で惨敗した後に朝廷が「長州藩追討」の勅命を出したのを受けて幕府は二十五日「征長令」を出した。これによってほとんど同時期に四国連合軍と幕府軍を相手に戦うことになったが、ついに八月四日になって外国軍とは戦わないと決定して大至急で伊藤と海軍局の松島剛蔵《ごうぞう》を姫島沖の艦隊に小舟で向かわせた。

伊藤らは前回同様に外国船への砲撃は朝廷と幕府の命令によるものであると言い、さらに海峡の通航は妨害しないので和親を、と訴えた。すでに総司令官からは「攻撃準備に入れ」という命令が出ており伊藤らの訴えは拒絶された。

外国軍による攻撃を目前にして自藩がすすめた攘夷戦を朝廷と幕府の命によるものであると責任転嫁し、尊皇攘夷を捨てて自藩の生き残りを図ったのがこの時であった。

五日午後四時を廻ったところでイギリス旗艦ユーリアラス号が第一弾を発射、これを合図に田野浦側に並んでいた他の艦も砲撃を開始した。迎え撃つ長州は奇兵隊を中心とする二千名弱で大砲は青銅砲など百門余り、その他の武器はマスケット銃などの旧式銃と弓矢・槍・刀であった。砲弾は艦隊には届かず、相手からの目標にされて一時間程で主な砲台は破壊された。イギリス艦パーシューース号が沈黙した前田砲台近くに寄りライフル銃を手にした水兵二十名が上陸すると、オランダ艦が後方から掩護砲撃した。上陸兵に対して反撃するが敵わず砲台は占拠の後破壊されて陣屋も焼かれた。

暗くなる前に上陸兵は引き揚げたがこの迎撃戦を主体的に戦った長州の兵はわずかばかりであった。長州は深夜になって砲の修理をして翌日早朝に濃霧のため動けなくなっているイギリスの二艦を砲撃し数名を死傷させた。霧が晴れてくると連合艦隊は壇《だん》ノ浦砲台の破壊の為に二千六百名を上陸させた。奇兵隊など民兵主力の千名余りがマスケット銃（先込めのノンライフル）や弓などを手にしてこれに抵抗した。民兵隊はこれが初陣《ういじん》で士気が高かったが、守旧の藩兵は逃亡する者が続出した。外国軍の援護砲撃によって部隊は散々となり散発的な反撃をくり返すのがやっとであった。

上陸隊は要塞を破壊した後三キロ奥にある兵舎の制圧に向けて午後三時頃から進軍を始めやがてここも制圧され兵舎は焼かれた。上陸隊は目的を達して海岸に戻り潮流がゆるくなった午後十一時過ぎに艦に戻った。

七日は彦島《ひこしま》の砲台を上陸して破壊、八日の正午まで戦闘は続いていたが、この日伊藤が旗艦ユーリアラス号に姿を見せて「講和を希望するのでこれから全権委任の家老を呼んで来る」と言って戻って行った。

長州側の戦死は十八名、負傷は二十九名でその八割は民兵だった。連合艦隊側はイギリス八名、フランス二名、オランダ二名の計十二名が戦死、負傷五十名を出した。

その後しばらくして小舟に乗って現われたのは宍戸《ししど》刑馬《けいま》と名乗る、実は高杉晋作だった。他に二人の従者と通訳として井上と伊藤がいた。応対したのは総司令官キューパーで通訳としてアーネスト・サトウら三名がついた。長州側の五名の内の三名は公使館焼き打ち事件の実行者で高杉はその主犯格であった事は前に述べた通りである。

藩主は敗北を認めて友好関係を望んでいると高杉が言うと、キューパーは四ヶ国の海軍長官あての信任状が無ければ交渉にならないとやり返した。翌日、高杉は病気で出席できない、といって藩士の毛利登人《もうりのぼる》が出席して交渉に入った。キューパーは「宍戸」が来ないことにいら立ったが、藩主との会談を要求し、「長州と親交を結びたいが、戦争についての補償金を要求する。砲台は絶対に作ってはならない」と話した。毛利は「ヨーロッパの諸国と親交を深めていきたい」と返答した。

八月十四日ユーリアラス号で会談が開かれ、長州からは高杉・毛利・井上・伊藤が出席したが、藩主が姿を見せないことにキューパーは怒りを顕《あらわ》にした。取敢えず交渉は進められ、㈠外国船が海峡を通行する時の安全を保障する㈡石炭・食物・水等の供給㈢緊急時には上陸を認める㈣砲台の建造や修理をしない㈤戦争の軍行動の費用と賠償金として三百万ドルを支払う、の五つが要求として出され㈠から㈣までは合意となったが、㈤の金額については後に協議する事になった。この金額は余りにも法外で藩の支払い能力を超えたものであった為に反発が大きく、砲撃は朝廷と幕府の命令により行ったものであるから賠償金は幕府に要求すべきである、と返答した。

オールコックやキューパーは元々この金額が長州藩に支払い能力がある範囲のものであるとは考えていない。子（長州）に支払い能力が無ければ親（幕府）に支払わせる、という策略であったので、この返答は想定内の事であった。

八月二十一日横浜で伊藤ら四名と四ヶ国代表が交渉し、賠償金は幕府に要求する、ということが外国側から明らかにされた。暫《しばら》くして下関で非公認の貿易が行われる様になるとオールコックは幕府に対して下関開港を認めるか三百万ドルを支払うか、の二者択一を迫った。反幕府の長州が貿易を公認されれば武器を輸入して洋式軍備を行うのは明らかである。「それ以来、私はますます大名の党派に同情を寄せるようになったが、大君の政府はわれわれを大名たちから引き離そうと、いつも躍起になっていたのである」（サトウの前著）。講和以後はイギリスと長州は互いに同調を強め、それを幕府が切り離そうとする。「薩摩人にせよ、長州人にせよ、われわれの行為に対して何ら恨みをいだく様子もなく……常に、われわれの最も親しい盟友であった」（サトウの前著）とサトウは振り返る。

先の「大名の党派」とは薩摩・長州であるが、まだ犬猿の仲でそこにイギリスが入って「党派」をつくり倒幕へ向けた組織作りに着手する。

幕府は下関の開港を認めず賠償金を五十万ドルで六分割して払うことを決めた。これは幕府を経済的苦境に陥《おとし》れるというイギリスの戦略方針に従うもので罠にかかってしまった。吉田松陰門下生らが先導した尊皇攘夷運動は幕府の国家予算を海外に流出させる〝成果〟を挙げると共に、変節してイギリスの策略に填《は》められる。「ヨーロッパの戦争方式の優位性が実証された結果、われわれにとって最も手ごわく、最も決定的な敵であった薩・長二藩を、われわれの確固たる味方に改変させることができたのである」（サトウの前著より）。

（十二）〈グラバーと「薩長盟約」〉

八・一八、池田屋、禁門の変、下関戦争と負けが続いた長州では藩権力を握っていた急進派が力を失い椋梨藤太《むくなしとうた》を首領とする「俗論派《ぞくろんは》」が台頭し、急進派を弾圧すると共に、十月二十一日に諸隊に対して解散令を出した。十一月十八日に幕府軍による追討総攻撃が決定されると門閥《もんばつ》藩権は幕府への恭順《きょうじゅん》を示し、御所襲撃の責任者であった福原越後・益田弾正《だんじょう》・国司信濃《くにししなの》の三家老に切腹を命じ首級《しゅきゅう》を幕府の下《もと》に届け、征長参謀役に就いていた西郷隆盛は独断で総攻撃の延期を決めた。西郷が征長参謀に任命された理由は禁門の変での行動が評価された事によるものであったが対長州強硬派の幕臣らはこれに憤慨《ふんがい》した。薩摩の「朝命にのみ従う」という施策はまだ見抜かれてはいなかったのである。

征長戦を回避した長州では幕軍が引き揚げていくのを見て十二月十五日、功山寺《こうざんじ》で高杉晋作ら八十名程が決起し、庄屋・豪農たちの支持を受け三千名を超える軍勢となって門閥を圧倒し椋梨《むくなし》は処刑された。高杉・井上・伊藤らが藩政を動かす様になると下関港での武器密輸と兵制改革が進められる。ここで親方格の桂と久しぶりに面会した伊藤は目頭を押さえて開国の必要を説得すると桂はこれに理解を示した。

この期間は表向きは恭順《きょうじゅん》を装いながら武装を進めていた。アメリカ船に曳航《えいこう》された長州藩の船が上海に向かい、この船を売った金で小銃を買って長州に戻ったことを突きとめた幕府はアメリカ公使館に抗議し第二次長州征伐を決定する。

迎え撃つ長州は男子皆兵と兵制を改めて諸隊の増員を行った。洋式兵器による武備を急ぎ五月にミニエー銃など三千八百挺、七月に長崎で七千挺を購入した。アメリカで南北戦争が終結し不要となった大量の銃器が上海に渡り、これが貿易商を介して日本に輸入された。その貿易商の代表的な人物がグラバーで、生糸・茶などを運び、帰りの船に銃や大砲を積んで戻った。武器を売って金を稼ぐばかりでなく公使館と連携して倒幕勢力を育成させていくという一石《いっせき》二鳥《にちょう》を成した。グラバーは後になって「自分は幕府に対する最大の反逆者であった」と回顧《かいこ》している。

慶応元年（１８６５年）閏《うるう》五月十六日に二代目のイギリス公使としてハリー・パークスが日

本にやってきた。上海領事在任中にアロー戦争（第二次アヘン戦争）のきっかけをつくった経歴を持つ危険な人物だ。来日して八日後には下関へと向かい桂・井上・伊藤らを艦船に招待した。パークスは明確な日本の政権交代（倒幕）方針を持っていたが、それは決して自軍の軍事行動によるものではなく、幕府に圧力を加えながら反政府勢力に武器を供給し日本人どうしで戦争をさせて政権交代を実現するというものだった。外務事官エドモンド・ハモンドはパークスあての書簡で「自ら直接関わる戦争ではなく、すべて大名にやらせろ」と命じている。反政府の勢力を結集させて政府と対決させ親イギリス政府を樹立させる――こういった方法はイギリスにとっては特に珍しいやり方ではなかった。

西洋諸国が日本にやってきたのは軍の優位性をもって自国の主張を相手に理解させる為で、その親方がイギリスであった。これと結ぶことによって長州はようやく勝機を得ることができたのである。密輸入した銃の性能は幕府勢力が主として装備する旧式銃に較べて優位であることは明確であった。旧式銃の有効射程が百メートルであるのに対しミニエー銃のそれは三百メートルに達した。これによって相手の弾丸の届かないところから狙い撃つことが可能となり、破壊力も強かった。弾丸と火薬が一体となっていたので次の発射まで時間が短縮できて雨天でも使用可能だった。大量に輸入されたのは銃口から弾丸を入れる前装式ライフルであったが、徐々に後装式のスナイドル銃も輸入された。後装式の優れているところは姿勢を低くしたまま弾込めできる点で、相手に撃たれる危険が少なくなり発射時間もより短縮できた。スペンサー銃は最強の銃であったが値段が他の四倍近くで弾丸の入手も難しかった。

大砲は四斤山砲《よんきんさんぽう》が主力で砲弾の重さが四キロあった。砲身は百キロあり車輪が付いていて射程は二千六百メートルで国産品もできていた。アメリカ製のボート砲やモルチール砲（臼砲）の他に暴発が多いが威力のあるアームストロング砲も流入し始めた。幕府もグラバー商会にアームストロング砲を発注したが手付金を受け取って引き渡しをしなかった。

薩摩と長州はイギリスとの講和後に武備を急ぐが、対幕意識には共通点があった。慶長五年（1600年）の関ヶ原の戦いの後薩摩は領地を減らされ多くが郷士《ごうし》となることを強いられ冷遇されたが、これへの反発が原動力となり琉球を介しての密貿易・黒砂糖の専売・調所広郷《ずしょひろさと》による財政改革・鋳銭《ちゅうせん》事業によって武備の資金を得た。長州も関ヶ原の戦いの後に領地を周防《すおう》と長門《ながと》の二州に削られて、再起のための戦争への資金として「撫育金《ぶいくきん》」という特別な資金を用意していた。

長州藩の総兵力は一万一千名余りで薩摩藩とほぼ同数で、大よそこの数を上まわる位の銃が最低限必要とされ銃弾は銃一挺に付き二百発が目安であった。薩摩藩の名義で発注していたユニオン号が慶応元年（1865年）十一月に下関に届いた際にはミニエー銃四千三百挺とゲベール銃三千挺が積まれていた。ゲベール銃は前装の滑腔式で一昔前の品物となっていたが、征長戦が間近に迫っていたので急場凌《しの》ぎで用意され町の鍛冶屋にも複製させたが、後にこの鍛冶屋は銃の暴発によって落命した。

薩摩藩は文久二年（1862年）に蒸汽艦を購入しようとグラバーとの最初の接点を持ち、講和後は「薩摩藩の重鎮《じゅうちん》」と同じ位に深く関わった。幕府からの追及を躱《かわ》す為に正体不明の「亀山社中」という会社をつくり、ここに神戸海運操練所にいた坂本竜馬《りょうま》らを囲った。長州が買ったイギリス製の木造軍艦「ユニオン号」はこの会社によって薩摩藩が所持しているものである様に偽装して長州に運ばれた。この様にしてグラバーは「武器の供給」という手段を使って犬猿の仲だった薩摩と長州の関係を緊密にした。

イギリス公使館はこの時期に「大名の党」と幕府との、それぞれの武備の進行具合いを見定めていた。「将軍の権威は、今や大分弱まってはいたが、大多数の大名はいまだに将軍を認めて、これに服従していた……将軍の軍隊は、その時分にはまだ武器の劣等さを暴露してはいなかった」（サトウの前著より）。殺傷力の強い洋式の銃砲による武備は「大名の党」が先行していた。

慶応二年(1866年)一月二十一日に京都薩摩藩邸(小松帯刀邸)で薩摩藩首脳と桂小五郎の間で口頭のみでの約束が取り交わされた。薩摩側の出席は小松・西郷・大久保の他島津伊勢・桂久武・吉井友実《ともざね》・奈良原繁《しげる》ら中心的な要人が集まっていたが、長州側は桂一人のみで後見人として坂本竜馬が同席していた。話しの最後に薩摩側が「わかり申した」と返答してその場は終った。少し退ってから心配になった桂は坂本に手紙を書いて当日の話しの内容を文書にして確認を得た。㈠戦争が開始されたら薩摩は京都に二千、大坂に一千の兵を派遣する。㈡薩摩は朝廷に長州の冤罪《えんざい》をはらすように尽くす。㈢劣勢ならば支援する。㈣長州の無実を訴え名誉回復に努める。㈤朝廷を利用して薩摩の行動を害したときは薩摩も幕府に決戦を挑む。㈥名誉回復ができたら団結し天皇中心の世を作る。主な内容は以上の様なものであった。

この場にグラバーの姿は見えないが、坂本がその代理役を果たした。有力者たちが集合しているところへ坂本が入れたのはグラバーの意向があったからであり、この会合の設定そのものがその意志によってなされたのである。グラバーは自分の手足になる日本人が欲しかったが、それが坂本だった。この時を振り返ってグラバーは「自分が一番役に立ったのは、パークスと薩長の間にあって、壁をこわしたこと」と語っている(『史談会速記録』より)。歴史転換の要《かなめ》を担《にな》ったのはグラバーであった。

（十三）〈パーマストン内閣とパークス〉

慶応元年（1865年）五月、薩摩藩の密航留学生十九名が香港経由で二ヶ月かかってロンドンに着いた。この下準備をしたのはグラバーで、ロンドンで世話役をしたのはその兄であった。重要な役割を将来担う人物を育成するのが目的で五代友厚・寺島宗則もこの中に入っていた。英語力もありグラバーの影響を受けている寺島は翌年の三月から四月にかけてクラレンドン外相に会い幕府の打破を訴えた。外相は寺島の主張を認め、パークスに対して薩摩の協力者が日本に帰国後迫害を受けぬようにと指示を出した。薩摩はイギリスにおいて反政府という自らの存在を明確にしたのである。

1859年（安政六年）6月から1865年（慶応元年）10月までの第二次パーマストン内閣は鹿児島砲撃と下関攻撃を行い、講和してそれぞれを親英化することに成功した。しかしアメリカでは南部のアメリカ連合軍（南軍）を支援して内戦に介入しようとしたが失敗しアメリカ合衆国軍（北軍）の勝利を許してしまった。

イギリスは様々な方法で介入を試みた。南部側の外交官をイギリスに連れて行ってヨーロッパでの国家としての承認をさせようとしたり（「トレント号事件」）、北軍による海上封鎖が進み南部側が綿花の輸出や武器の輸入が困難になってくると封鎖を突破する為の高速蒸汽船を派遣した。南部の綿花に依存していた綿工業は低迷情況に陥っていたが、リンカーンによる奴隷解放宣言が出されたことによりイギリスは介入を断念し綿花の代替として日本から生糸を輸入しようとしたが、日本側の反対によって障害が生じていて、これを取り除く必要があった。

元治元年（1864年）四月、レオン・ロッシュは駐日フランス公使として来日し軍事教官団を日本に呼んで幕軍の強化に貢献し横須賀製鉄所の設立にも力を注いだが、本国の政策転換のため慶応四年（1868年）六月に帰国を余儀無くされた。イギリスが薩・長の同盟関係を構築したのに対抗してフランスは幕府を支援して水面下で激しい主導権争いを行った。サトウの同僚のミットフォードは「この動乱に西洋人が一役買っているのだが、明らかな理由があって、今までたいして注意されていなかったのである。しかし、それは実際には非常に重要な役割を果たしたのだ。1866年、それはパークス公使とフランスのレオン・ロッシュ公使の二人の間の支配権争いとなって現われたのである」（ミットフォードの前著より）と当時の様子をふり返っている。「ヨーロッパの威厳」を共有した上での対抗であるため、攘夷行動や貿易の不都合に対しては協調し、日本への対策をめぐっては対抗した。ロッシュが幕府軍強化の為に本国の陸軍教官団を呼ぶ計画をパークスに話したところ、頭が沸騰したパークスは「こちらは海軍教官団を呼ぼう」と即時に返答した。強い対抗意識が元となっての事であるが、これがやがて陸軍はフランス式、海軍はイギリス式の制度に繋がった。

日本に滞在する主要な国の政策上の関係は、オランダはイギリスと同調、アメリカは中立、北ドイツ連邦（プロシア）・イタリアはフランスに同調、という傾向がみられた。オランダは親日国であったが、文久三年（１８６３年）五月に商船メデューサ号が長州藩によって砲撃を受け四名の死者を出してから距離を置く様になった。

フランスのナポレオンⅢ世は１８５３年10月に始まったクリミア戦争で名を上げた。ロシアが地中海への出口を求めトルコに南下進出すると、フランスとイギリスはトルコと同盟を結びロシアに宣戦布告する。双方で二十万人の戦死者が出て１８５６年3月末に戦争は終わり同盟軍の勝利となったが、イギリスは財政破綻状態に陥った。ナポレオンは１８５１年に国民議会に対してクーデターを起こして独裁政権をつくり皇帝に即位、クリミア戦争は初陣《ういじん》での勝利であった。このナポレオンⅢ世のクーデター政権をイギリス外相として独断で承認する声明を出したのがパーマストンであった。後にこれを追求されて失職するが、クリミア戦争で財政破綻を招いたラッセル内相が辞任した後に再びその座に就いた。

アメリカのペリーが浦賀に入港したのと同時にロシアのプチャーチンが長崎に入港した１８５３年７月はクリミア戦争が始まる直前で、プチャーチンはこのため英国艦隊による攻撃を恐れて日本を離れる。イギリス・フランス・ロシアといった大国がこの戦争で混乱している間に日本を威圧して開国させようとしたのがアメリカだった。ペリーは翌年に再来航し三月に日米和親条約を結ぶ。さらに四年後（１８５８年）に駐日領事ハリスは中国・インドへのイギリス・フランスの侵略の例を幕府に示して、交渉に応じなければイギリスやフランスが日本に攻撃に来ると言って圧力をかけ日米修好通商条約を結んだ。

第一次アヘン戦争は１８４０年から二年間、清政府がアヘンの全面禁輸を断行しイギリス商人が保管するアヘンを没収したことにイギリスが対抗して戦争となり、パーマストンは本国の陸軍五千・海軍七千の他に植民地のインドからも七千名を動員し、南京《ナンキン》条約で上海など五港の開港と香港の割譲を認めさせ、中国を半植民地化したが、イギリスは更なる利権を狙っていた。クリミア戦争が終結するとフランスと手を組んでアロー戦争（第二次アヘン戦争）を始める。

１８５６年に清国で外国人排除運動が高まって来るとパーマストンは更なる介入の機会を狙っていた。清国の官憲が広東《カントン》港に停泊中のイギリス国旗を掲げたアロー号をアヘン取締りのため臨検して清国人三名を逮捕した。これに対して広州領事をしていたパークスはイギリス船

		クリミア戦争	1853		クリミア戦争・ペリー浦賀に入港、プチャーチン長崎入港
			1854		ペリー再来港（日米和親条約）
	アロー戦争		1856	第一次パーマストン内閣	アロー戦争（第二次アヘン戦争）
セポイの乱（インド大反乱）			1857		セポイの乱（インド大反乱）
			1858		日米修好通商条約・五ヶ国条約
			1859	第二次パーマストン内閣	フランスがサイゴンを占拠
			1860		
メキシコ出兵（仏）	アメリカ南北戦争		1861		アメリカの南北戦争、フランス・スペイン・イギリスのメキシコ出兵、1862、スペイン、イギリス撤退
			1863		鹿児島攻撃（7月）
			1864		下関攻撃（8月）
			1865		アメリカ南北戦争終結（4月）
			1866		フランス軍艦江華島攻撃（朝鮮）
			1867		フランスがメキシコから撤退
	日本内乱戦争		1868		日本で内乱戦争（1月～翌年5月まで）
			1869	グラッドソン内閣	スエズ運河開通
			1870		普仏戦争（70年7月～71年5月）
			1874		

（1853年から74年までの主な動き）

に対する不当行為であると主張、十月八日に瞬時に開戦を決めた。これに自国の宣教師が官憲に斬首された事件を理由にしてフランスも参戦した。戦争の結果、広州と天津《テンシン》が英仏軍によって占領され、天津条約が結ばれてアヘンの輸入は公認化された。

さらに１８６０年には北京を占領し北京条約により天津の開港・九竜《きゅうりゅう》半島の割譲・苦力《クーリー》貿易の公認・調停役となったロシアへの北満洲の譲渡が決められた。この交渉の際に清はモンゴル人将軍センゲリンチンの部隊を使って英仏の交渉団を拉致させた。この中の十一名を殺害し他の者は後に解放したが、パークスはその中の一人だった。パークスがこの様な苛酷な体験をしてきた人物であるということは、日本でパークスの側近として活動するサトウやミットフォードにとっては心強いことであった。

イギリス東インド会社は１６００年に設立され本社はロンドンに置かれて植民地経営や貿易を行い軍隊も所持していた。１７５７年６月にプラッシーの戦いでフランスインド会社軍と戦闘となり双方で五百五十名を超える死傷者を出したが、イギリスが勝ったことによりインドでの支配を強化した。インドでアヘンを生産しこれを清国で売って清の銀を流出させた。この東インド会社の傭兵《ようへい》（セポイ）たちが苛酷な支配に対して１８５７年５月に反乱を起こし、これに農民らも合流して反イギリス蜂起となったが、後に内部で分裂が起こり鎮圧された。この時東インド会社軍はアロー戦争中の清へも軍を派遣する必要から鎮圧を急ぎ残虐な処刑を多数行った。これが後に問題となり、その結果会社を解散させてインドを本国の直接統治とした。この会社は後に「ジャーディン・マセソン商会」と社名を変え日本に代理店として「グラバー商会」を置いた。

フランスはアメリカ南北戦争が始まるとその隙《すき》を突いてイギリスとスペインを誘ってメキシコ内乱に介入した。この三国連合軍は１８６1年末にベラクルス港を占領したが、翌年4月にイギリスとスペインはメキシコ共和国のゲリラ戦に遭い撤退を決めた。これはフランスをメキシコに固執《こしゅう》させるためのイギリスの策謀で、その視線は日本に向けられていた。フランスは首都メキシコシティーを陥落させると、オーストリア・ハンガリー帝国からハプスブルク家のマクシミリアンを呼び「第二次メキシコ帝国」を樹立させた。これはナポレオンⅢ世の念願であるカトリック教の帝国であったが、６5年4月に南北戦争を終結したリンカーン政府はフランスに対してメキシコからの即刻退去を要求しゲリラ軍を支援してフランス軍の上陸を妨害する為に海上封鎖を行った。

翌年5月末にナポレオンⅢ世はメキシコからの撤去を決定し、帝国は崩壊に向い捕われたマクシミリアンは銃殺刑にされた。

鹿児島砲撃と下関攻撃は南北戦争に並行するフランスのメキシコ出兵の時期で、イギリスがアメリカとフランス双方の混乱時を狙い日本で主導権を握ろうとしたものであった。現に下関攻撃ではイギリスが九艦で二千六百五十名の兵員を動員したのに対し、フランスは三艦で八百五十名、オランダは四艦で六百名、アメリカは一艦四十名のみの参戦で、イギリスが他を圧倒していた。

アメリカは内戦によって国際舞台で勢いを失い日本への影響力も失速したが、これ以外の間は平和であったというわけではない。

「新大陸の発見」後に白人達がこの地に入植し先住民との間にいざこざが起こった。入植者達は先住民の土地を奪っては西進した。白人達に友好的な部族もあったが、これらは利用されて最後には狭い保留地に押し込められた。多くの先住民たちは土地を奪われる事に対して武器を持って抵抗した。１８３６年から７５年のテキサス州でのコマンチ戦争を経過して１９１７年のアリゾナ州でのヤキ族と第十騎兵隊の交戦まで多数の戦闘が行われ、先住民に対する虐殺がくり返された。

白人入植者たちは素朴な先住民部族を巧みに利用した。部族どうしの旧来からの対立を利用して、一方を懐柔し協力させた。勇猛なスー族は１８７６年に大規模な抵抗戦を行ったが、こ

年　月	内　閣	期間(約)	対外政策・他
1855年2月～1858年2月	第一次パーマストン（ホイッグ党）	3年	クリミア戦争・アロー戦争・インド大反乱など、積極的に侵略
1858年2月～1859年6月	第二次ダービー（保守党）	1年	ホイッグ、カニング、トーリの連立政権。パーマストンを批判
1859年6月～1865年10月	第二次パーマストン（自由党）	6年	アメリカ南北戦争に介入試みる。鹿児島・下関攻撃。日本の内乱準備、ラッセルと対立。10月死去
1865年10月～1866年6月	第二次ラッセル（自由党）	1年	パーマストンの侵略的外交に激しく対立。国内改革重視
1866年6月～1868年2月	第三次ダービー（保守党）	2年	不干渉主義
1868年2月～1868年12月	第一次ディズレーリ（保守党）	1年	パーマストンと協力。帝国主義外交
1868年12月～1874年2月	第一次グラッドストン（自由党）	6年	小英国主義・植民地放棄論、パーマストン批判

のスー族を絶滅させる為に永年スー族と対立していたアリカラ族を利用した。この様にして一千万人いたアメリカ先住民は土地を奪われて五十万人まで激減した。

　メキシコで疲弊したフランスは三年後の１８７０年７月にプロイセンのビスマルクに挑発されて普《ふ》仏《ふつ》戦争（７０～７１年）へとのめり込み、十万名の兵員と共に包囲されて投降、死傷二十八万名、捕虜四十七万名を出して惨敗し第二帝政は崩壊した。駐日フランス公使ロッシュが本国から召還されたのはメキシコ介入から手を引いた直後の６８年６月で、戦争によっての疲弊による政策転換が求められた時期であった。

イギリスでは第一次パーマストン内閣と第二次パーマストン内閣が四年、七年と続き、この間に侵略・武力介入が各所で行われた。近代科学工業の発達を基礎にして、経済力・軍事力は世界の頭目となり、問題が発生すると武力行使を匂わせて威嚇した。フランスやアメリカに対しても武力行使を示唆《しさ》したイギリスの全盛期を牽引した人物がこのパーマストンだ。イタリア統一戦争（１８５９年）ではフランスと対立して開戦を煽《あお》ったが、危機を知ったフランスは「英仏通商条約」を結んで乗りきり、ナポレオンⅢ世の権威は失墜した。南北戦争中にトレント号事件（６１年11月）が起きた際には、南軍の外交官の解放を北軍に要求し、拒否すれば過去最大の武力を行使する、と威嚇した。

パーマストンの帝国主義外交を激しく批判するラッセルが登場する６５年までの第二次パーマストン内閣の時期が日本にとって最も危険な時であったが、前述の通り６２年（文久二年）は長州が藩論を「破約攘夷」に決めて攘夷をくり返し行った。

（十四）〈幕長戦・権力の斜陽〉

下関攻撃の少し後にサトウは懇親な関係となった井上馨から御所襲撃についての情報を聞き出した。井上は「かつて二回に亘り会津藩が京都にいた長州人をみな殺しにしたことがあったので長州の家来たちが武器を持ってそのことについて天皇に釈明を求めるために京都に行ったのだ」と説明した。イギリスは井上の話しから「長州の会津への憎悪」を聞き取って利用する。会津は徳川を守護する代表藩であり、イギリスにとっては都合のよい情報であった。「最も決定的な敵であった薩・長二藩を、われわれの確固たる味方に改変し」、長州は「常にわれわれの最も親しい盟友であった」（いずれもサトウの前著より）というが、矛先を向けられたのは会津である。

幕府と長州の戦争が間近になるとイギリス公使館の動きが活発になってくる。公使館の中ではパークスを頭《かしら》としてサトウやミットフォードが通訳・外交官として公使を補佐した。ミットフォードの方が上職であったが、サトウの方が滞在が長く日本語も堪能《たんのう》で日本人の協力者も多数獲得していたので時局に詳しく、実質的にはパークスの相談役か、時としては先導役さえもする立場になっていた。ミットフォードは報告書の作成係やサトウの補助役をしていた。

サトウは慶応二年（１８６６年）四月、征長戦を前にして横浜で発行されていた『ジャパン・タイムズ』紙に「英国策論」という論文を投稿した。これは和訳されて日本の知識層にも読まれたが、その内容は徳川は日本全国を支配する権力を有さないのが現状となっており、もはや幕府を廃止して天皇を元首とした大名連合政府（諸侯連合）が権力を握るべきである、というものだった。

「全国を支配する権力を有さない」とは薩摩と長州を例にしているのであるが、この論文はイギリスが日本国内と海外諸国に対して倒幕の方針を示したもので、明らかな政治的干渉であった。しかも「天皇を元首とした」とあるが、孝明天皇にはその気は毛頭無かった。

征長戦が目前となるとパークス一行は艦船で横浜から下関に向かい、五月二十四日に高杉・伊藤と会談を持った。藩主毛利敬親《たかちか》との会談も希望したが、高杉らは直接会うことを回避させた。敬親は家臣らの上申には「ああ、そうせい」と返答するのが常で、攘夷には少しこだわったが、外国の攻撃後に和睦が成ると、下関を開港して貿易をしたい、と変節が激しく、外国との会談には不安があった。この場での会談では長州側の抗戦の意志が確認された。

六月七日に戦闘が始まると長崎を経由して十六日に鹿児島に入り、先に来ていた桂小五郎を入れて、島津久光・藩主忠義の他西郷とも会談した。ここでは長州への支援策と倒幕案が示されて、西郷を接点とするイギリス―薩摩―長州の関係が構築された。その後長崎から再度下関を廻り二十八日に宇和島に寄った。

宇和島藩の伊達宗城《むねなり》は隠居《いんきょ》の身であったが参予会議・四侯《しこう》会議の一員となりサトウの「英国策論」も読んでいた。宗城は内乱になったらイギリスの軍事介入があるのかとサトウに尋ねるが、賢いサトウは「われわれは日本の内政に干渉したくないので日本人が日本人同志の国内紛争を自ら解決するならば、それで何も言うことはない」（前著）と二枚舌を使った。

イギリスの関与が無ければ薩摩は長州に対しては厳罰方針で、その長州は門閥派と急進派の内訌戦でようやく急進派が藩権を握ったところで、征長戦が始まれば一掃される運命だったがイギリスの梃子《てこ》入れによって事態は大きく変わった。薩摩と長州の対外戦の結果多額の賠償金を要求されたが、これは幕府を弱らせるためのイギリスの策略であり、幕府の財政は窮地に立っていた。諸藩も同様に財政悪化となり近代武装のための予算を用意できる藩は限られていた。

下級の武士や庶民の生活も困窮していたが、征長戦が目前になると諸藩が兵糧米を買い占めたために米の値段が急騰し一揆や打ちこわしが続発する様になり諸藩兵の士気はさらに落ち込んだ。また、会津と桑名の二藩が参戦しないことを決めていてこれも他の藩兵の士気が落ち込む一因となった。両藩とも守護職と所司代という治安を預かる任に就いており、長州に対して野心が無いことを示す必要があることが理由だった。これに加えて、それまで長州厳罰を主張していた薩摩藩が一転して不参加を表明し士気はさらに下がった。

長州は過半が志願による農商と武士混合の奇兵隊をはじめとする諸隊の他に、他の家臣兵も編制換えして銃撃戦を想定した訓練を行っていた。

砲台は下関戦争での処置により修理や新設は不可と四ヶ国の間で決められていたが、イギリスの独断的配慮によって修理されていた。

薩摩藩の忌戦《きせん》戦術によって多くが参戦を辞退することになり四国では伊予松山藩一藩のみの参戦であった。

六月七日、幕府艦隊が周防大島《すおうおおしま》へ砲撃し、翌日伊予松山藩兵が上陸して第二次征長戦（四境《しきょう》戦争）が始まった。大島に続いて芸州口《げいしゅうぐち》・石州《せきしゅう》口・小倉口でも次々と戦闘となった。幕府側は直属の艦隊と歩兵隊が近代的な武装をしていたが、その他のほとんどは火縄銃・槍・刀の混成部隊で、総兵員数は約十万名だった。

長州は下関戦で外国の軍隊による近代戦を経験しており、鎧兜《よろいかぶと》に刀を差した旧来の侍藩兵など大して役に立たぬことを見抜いていた。実際にライフル弾は鎧を貫通する破壊力を持っていて長州の諸隊の方が身軽で戦闘意欲も高かったのである。

十一日の夜までには艦からの援護射撃を受けた幕府歩兵隊と松山藩兵が大島を守備していた長州兵を追放したが、十七日には奪回された。

芸州口《げいしゅうぐち》では幕府歩兵隊の他に彦根・高田・紀州・大垣藩など総員五万名の兵が十四日に戦端を開いたが彦根と高田兵が壊滅し、残りが対峙を続けた。石州口《せきしゅう》には三万名を配置していたが、先鋒の二藩のうち津和野《つわの》藩は長州と内応していて浜田藩が矢面《やおもて》に立たされた。

十六日未明、一千名の長州兵は隣接する浜田領に侵入し、城下まで進むと浜田兵は城に火を付けて退去した。

小倉口には老中小笠原長行《ながみち》を総督として先鋒に小倉藩、これに九州の諸藩兵を配置していたが、六月十七日未明に高杉晋作が指揮の諸隊が亀山社中と壇ノ浦砲台の支援砲撃を得ながら田野浦・門司浦《もじうら》に上陸、これを小倉藩が反撃して撤退させた。

七月二十七日、諸隊は援護砲撃を得て再度門司に上陸し侵攻、赤坂口で熊本兵が離脱すると他の藩もこれに続いた。包囲した何《いず》れの戦線においても征伐する程の勢いはみられず逆襲されて相手の領地にも入れなかった。

小倉口に長州諸隊が上陸した二日後に将軍家茂《いえもち》急死の報が届くと総督《そうとく》の小笠原長行は戦線から離脱して大坂へ向かい、これを見た他藩の兵も戦地を去ってしまった。小倉藩は自藩での総力戦を余儀無くされ、八月一日小倉城に火を付けた後城下に入った長州兵を遊撃戦で苦戦させたが翌年一月に佐賀と薩摩藩を仲介役にして和睦が成立した。浜田と小倉の二藩が空白になった事により西南地域で幕府の権威は凋落した。

東アジアで最大規模となっていた幕府海軍は悲惨な情況になっていた。六月十六日夜半に長州の丙寅丸《へいいんまる》と他の二艘が田之浦を、乙丑丸《いっちゅうまる》と他一艘が門司へ、砲撃しながら上陸して停泊していた運搬船二百艘余りに火を付けた。乙丑丸《いっちゅうまる》(ユニオン号)は坂本らの亀山社中が操船していた。この攻撃によって多くが航行不能となり、長州領への上陸作戦は頓挫《とんざ》した。

家茂《いえもち》の急死により七月二十日に休戦の勅命が出て、幕府側が勝海舟、長州側は広沢真臣《さねおみ》・井上馨が代表で九月二日に停戦の合意となった。

十二月五日、慶喜が十五代将軍に就任する。慶喜はフランスの支援を受けて陸軍の強化を急いだ。幕府伝習隊は旗本らを集めた陸軍の精鋭で、慶応二年(1866年)二月からブリュネら十八名のフランス軍事顧問団を招いて横浜の大田村(日ノ出町)の陣屋で訓練を受けた。メキシコでの戦争継続が不可能となりナポレオンⅢ世が非難の対象となっていた時期であるがフランスの貿易の主要な輸出品は生糸で、その主要な産地は関東であるため幕府との関係を重要とみていた。

朝廷内では八・一八によって長州に同調する主な公家は排除されたが、潜伏している者が多数残っていた。有栖川宮《ありすがわのみや》・鷹司《たかつかさ》・中山忠能《ただやす》ら十七名を処罰し天皇―二条斉敬《なりゆき》―中川宮を中心とする体制ができたが、これは「一会桑政権《いっかいそう》」と呼ばれる体制と一体のものであった。幕府が長州再攻の勅許《ちょっきょ》を朝廷に求めると九月二十一日になって勅許が下された。大久保利通はその二日後に西郷へ出した手紙の中で「もし朝廷これを許し給《たま》い候《そうら》わば、非義の勅命にて、……天下万人御尤《ごもっと》もと存じ候《そうろう》てこそ、勅命と申すべく候えば、非義勅命は勅命にあらず候ゆえ、奉《ほう》ずべからざる所以（為）に御座候」（『幕末政治論集』より）と書いた。勅命を出しても節義の無いものには従う必要はない、という独り合点で、久光から厳命されていた「朝命にのみ従うこと」を否定してしまう。この頃は薩摩藩の最高意志決定が久光から西郷・大久保らの精忠組に移行していく時期であった。

戦況が危うい情況で家茂が死去しても孝明天皇は停戦には反対し慶喜が新将軍になると長州征伐貫徹の節刀《せっとう》を与えた。

大原重徳《しげとみ》・中御門経之《なかみかどつねゆき》・正親町三条実愛《おおぎまちさねなる》らの攘夷派は長州が変節してイギリスと親密な関係

にあることを知らずか、朝廷内で「攘夷貫徹」と「朝廷改革」を叫んでいたが、これに目を付けた岩倉具視と薩摩藩が接近した。

岩倉は文久二年（1862年）、攘夷派公家が朝廷を切り回していた頃に幕府に色目を使う一人として辞官を命じられて蟄居《ちっきょ》していたが、薩摩藩が近寄って関係を深めると「公武合体」から「倒幕」へと変節した。

中川宮を幕府に従属する者として非難し中川宮・二条斉敬《なりゆき》の追放、八・一八で処分された公家の復職と征長軍の解散を要求して二十二名の不平公家による列参決起を行った（「廷臣二十二卿列参事件」）。これによって中川宮と二条斉敬《なりゆき》は朝廷を去ることになり、側近二人を失った孝明天皇は憤慨《ふんがい》し、列参した公家に閉門を命じた。薩摩は岩倉を通した朝廷内工作によって孝明天皇を孤立化させることに成功し天皇を幕府から離反させる地均《ぢならし》ができたのである。

征長戦は休戦となっていたが天皇は決戦の覚悟であった。しかし新将軍となった慶喜はこれまでの戦況の報告を聞いて出陣のとり止めを独断した。これに対して松平容保は抗議して守護職の辞退を申し入れ藩士らも怒りを現《あらわ》にした。

この危機的状況を薩摩は詳しく観察している。大久保の日記には「会《あい》不平を生じ、橋《はし》を恨み、内輪沸騰」（『大久保利通日記』）と記している。幕府は統制がとれず流動化、朝廷には空白ができて天皇が孤立、長州が反政府の軍事拠点となり、倒幕へ向けての絶頂期を迎えた。

（十五）〈孝明天皇の急死・薩摩の倒幕先導〉

慶喜が将軍職に就いて二十日後に孝明天皇が急死した。死因は天然痘による感染症であるとされているが、攘夷論の公武合体派で非妥協であったこと、その死が重大な政局の転換点となったこと、毒物中毒に似た症状が現れて急死に至ったことなどから毒を盛られて殺害されたという所見もある。

朝廷内の秩序を乱した者の再起はありえないという、不平公家らへの憎悪ともいえるものを持つ天皇に対して、その対極の主導者となった岩倉は自分を含む処分された公家を復帰させて倒幕を実現しようとした。天皇と不平公家が鋭く対立する構造があり、孤立を深めた時であったので疑惑は一層大きくなった。

天皇を支えてきた会津や桑名にとってもその突然の死は大きな痛手となった。年があけて慶応三年（１８６７年）一月九日満十四歳の睦仁《むつひと》（祐宮《さちのみや》）が即位すると特赦により長州に同調する公家たちが復帰し活性化した。

急死の報は四日後にイギリス側にも入った。十二月二十九日に長州に出向していたキング提督は三田尻で藩主毛利敬親《たかちか》と会見したその後プリンセス・ロイヤル号の甲板で日本人貿易商人からサトウに天皇崩御が知らされた。「それは、たった今公表されたばかりだと言った。噂によれば、天皇《ミカド》は天然痘にかかって死んだということだが、数年後に、その間の消息に通じている一日本人が私に確言したところによると、毒殺された（※poisoned）のだという。この天皇《ミカド》は、外国人に対していかなる譲歩をなすことにも、断固として反対してきた。そのために、きたるべき幕府の崩壊によって、否が応でも朝廷が西洋諸国との関係に当面しなければならなくなるのを予見した一部の人々に殺されたというのだ。この保守的な天皇をもってしては、戦争をもたらす紛議以外の何ものも、おそらく期待できなかったであろう。重要な人物の死因を毒殺にもとめるのは、東洋諸国ではごくありふれたことである」（『一外交官の見た明治維新』※部分は英語版からの筆者による引用）。

サトウは毒殺について「東洋諸国ではごくありふれたこと」として肯定的である。立場上からであれば「毒殺は徳川勢力によるプロパガンダである」と非難するはずであるが、それとは真逆に開国派によって毒殺されたと述べている事については注意が必要である。情報をサトウに伝えたのは「事情をよく知る人物」で、「数年後に」という時期は政府が分裂する「明治六年の政変」の頃であった。政府分裂のこの際に秘密を暴露してしまえと内輪の者に語ったのがサトウの耳に入ったという可能性も否定できない。

同僚のミットフォードは「もし、外国との交際の徹底的な反対者であった孝明天皇が、もっと生きていたら、その後の数ヵ月の出来事は全く違ったものになっていただろう」(『英国外交官の見た幕末維新』)と、天皇の急死が無かったら薩長政権への権力移行は困難で、これによって勝敗の分らない「革命」は一挙に進転した、というのである。「革命」に関わった二人の外交官の言葉を重く受け止める必要はありそうだ。

天皇は十二月十五日高熱を出して、十七日に侍医団から「天然痘」と診断が出された。天皇の後宮《こうきゅう》(睦仁の母)の中山慶子《よしこ》は攘夷派の中山忠能《ただやす》の次女で、天誅組の主将を務めた中山忠光は弟である。慶子は父忠能に天皇の容態を詳しく書状で届けている。十七日は天然痘の症状である水疱がたくさんできている様子を報告している。二十一日には慶喜・容保・定敬《さだあき》が見舞いに参内し粥《かゆ》など軽い食事もとれる様になり、かなり良くなっていて快復傾向にあることを報告した。これが二十四日午後七時頃から急変し二十五日昼過ぎには臨終状態になり睦仁《むつひと》を最後の別れに参上させた。二十六日付では夜八時頃の死亡を伝えているが、それは身内以外には極秘にされている。

天然痘は咳などで排出されたウィルスを吸い込むことによって感染し潜伏期を経て発熱し発疹が出る。二・三週間で治るが、悪性の場合は皮膚や消火管などに出血が起き痛みと高熱を伴って死に至る。江戸後期は麻疹《はしか》・結核・梅毒などの感染症が蔓延した。ペリー艦隊の来航（1853年）頃からは海外からの病原菌が持ち込まれて天然痘・コレラが大流行した。

軽い食事までとれる様になっていたのが急変して死に至った事から、毒殺されたという疑惑が出て来た。

無味無臭で少量で意識障害などをひき起こし死に至るのが砒素《ひそ》中毒で、ねずみ駆除用に広く街中に出回っていた。十二名の典医団の一人の伊良子織部正（光順）の記録には二十四日夕刻を過ぎてから胸をかきむしりながら苦しみ意識を失った事が書かれている。症状が砒素によるものと同様で、これを与えられたことによる急激な悪化であると診断した典医が複数名いた。二十五日になってついに典医全員が見守る中で孝明天皇は崩御した。

生前の天皇は睦仁《むつひと》親王の養育環境が反幕公家にとり囲まれていることを危惧していた。母親の親族である中山忠能《ただやす》は睦仁の外祖父《がいそふ》にあたり家族は反幕一家で、こうした公家たちに通じる女官たちが教育係を務めていた。親王は反幕公家やその手下の女官たちによって統制化に置かれていたのである。その結果「公武合体」という父の意志が骨抜きにされる事になる。

崩御から二日も過ぎると閉門処分を受けていた中御門経之《なかみかどつねゆき》は新天皇となる睦仁を倒幕派で固めることの重要性を岩倉に伝えている。崩御は四日間は秘密裏にされていたのであるが、その直後から新体制を固める動きが始まっていた。自立して政治的判断が可能な年齢ではないので摂政《せっしょう》として二条が就いたものの、十四歳の親王は反幕公家やその手下の女官たちに取り囲まれて慶応三年（１８６７年）一月九日新天皇として即位した。

この時局に即応したのは薩摩藩で、重要課題を薩摩・越前・土佐・宇和島の四者による「四《し》侯《こう》会議」によって決議していくことを企図し、五月十四日に二条城で四者と慶喜を入れて会議がもたれることになった。

長州の冤罪をはらすように尽くす、という約の通りに、久光はここで長州寛大処分の先決を主張した。先の「参与《さんよ》会議」の際には長州に厳罰すべき、と主張していたので真逆の転回になる。他にも久光は議奏《ぎそう》（天皇の近侍）の後任人事について長州に同調する正親町《おおぎまち》三条実愛《さねなる》を出したが、二条摂政《せっしょう》が前天皇の意志を前に出してこれに抵抗、しかし最後には久光に押し込められて三条の議奏就任が決まった。

先決する問題を巡っては慶喜が兵庫開港問題を優先すべきと主張して久光と対立した。この場で決着は見なかったが後になって大久保が春嶽を、小松が宗城《むねなり》を裏で説得して久光が有利になる内容の建議書を出させた。

これに続いて二十三日に午後八時から一昼夜に及ぶ朝議が開かれた。公家で参加したのは二条摂政と中川宮・近衛忠煕《ただひろ》・三条実愛ら親幕・反幕の計十三名、幕府からは稲葉正邦・板倉勝《かつ》静《きよ》・松平定敬《さだあき》と慶喜の四名、四侯会議からは春嶽、深夜になって宗城《むねなり》、朝になって久光の代理として小松が出席した。冒頭で二条と中川宮が四侯側から建議書が出された事に抗議し紛糾したが、最終的に長州寛大処分と兵庫開港の両方を同時に勅許《ちょきょ》することに決まった。

兵庫開港問題とは、下関戦争の賠償金三百万ドルを六回に分けて一年半で支払うことになっていたが、幕府が財政破綻となり二回目以降の支払いが不能となっていた。軍事的圧力をかけて問題を解決しようと慶応元年（１８６５年）九月十六日イギリス艦四隻・フランス艦三隻・オランダ艦一隻が兵庫沖に現れ威圧した。外相ラッセルはパークスに対して支払いの延期を容認してはならないと指示を出したが、先のロンドン覚書で１８６８年一月一日に兵庫を開港すると既決しているのを前倒しして即時開港するならば支払延期を認めるように、という条件を付けた。結果的に慶喜が二十三日の朝議で勅許を得たが開港は即時ではなく慶応三年（１８６７年）十二月とした。しかし外国側は残りの賠償金の支払いの確約と今まで無かった朝廷の勅許を得られたことに満足した。

久光は出席はしなかったが、朝議で慶喜が主導的であった報告を受けて徳川の武力排除を決め、四侯会議はこれで消滅した。

京都の薩摩藩邸に潜伏中だった長州の山縣有朋《やまがたありとも》らは六月十六日に小松らと「薩長盟約」の再確認を行い、薩摩は同月二十二日に土佐との間に「薩土盟約」を結んだ。

こうして薩摩は武力制圧を具体化していくが、九月九日に土佐の後藤象二郎が西郷を訪ねて、大政奉還の建白をするので挙兵を猶予するようにと話した。山内容堂は武力倒幕にはためらいがあり挙兵を許さなかった。薩摩の目的は幕府との関係を切り離すことであり、「薩土盟約」はそのための一歩前進であった。このまま武力制圧の準備を進めていくが、鹿児島で出兵の反対論が根強い事が問題となった。

（十六）〈「討幕の密勅《みっちょく》」・「芝居」の始まり〉

イギリスは新天皇即位後の情報集約を急ぎ、一月に公使館員が大坂に入った。サトウとミットフォードはここに滞在中に多くの貴重な情報を得ていた。「大阪に滞在中、ほとんど毎日のように会った薩摩藩の小松、長州藩の伊藤、同藩の木戸……土佐藩の後藤、それに中井弘蔵……特に親しかった井上……」（ミットフォードの前著より）。連日に亘ってイギリスは薩・長・土の要員と会合を行っていた。「私がパークス公使に伝えようとしたことは、その後の出来事から察しても、きわめて重要なことであった」（同）。「公使が彼らにほんの少し力を貸せば、その後は彼らが責任をもってやるだろう」（同）。

サトウは小松と吉井から新天皇即位後の朝廷内の情況を聞き出した。「現在の関白は、賢明、かつ善良な人物であるが、あまり幕府の勧告を入れすぎるきらいがあった」（サトウの前著より）。新天皇の摂政に就いた二条斉敬《なりゆき》が前天皇の意志を尊重し幕府寄りである事に注意を寄せている。イギリスへの情報提供は薩摩が特に協力的に行い、サトウはそれを細かく分析してパークスに伝えた。

十月三日、山内容堂が「大政奉還建白書」を幕府へ提出すると小松帯刀《たてわき》は賛同を慶喜に求めた。慶喜は十四日に「大政奉還上表」を朝廷に提出し翌十五日の朝議で二百六十四年続いた徳川の政権返上がここに決定した。しかし慶喜は倒幕勢力には政権を運営する能力は無いと判断していた。天皇を元首とした上で二院制のイギリス議会制を範にして自らもその一代表となってこれに参加できるという構想を持っており、そのためには将軍職には留まる必要があった。

将軍職留保とイギリス型議会の模倣《もほう》策動も早期に消滅させる必要があり軍威をもって解決しようとするが地元の鹿児島やその他の藩も動静把握中で勢いが無かった。十三日に長州に官位復旧の勅が出されていたが、その翌日に小松・西郷・大久保は岩倉と共謀して、岩倉の腹心の玉松操《みさお》に草案を書かせて「討幕の密勅《みっちょく》」を作成し鹿児島の久光と長州の敬親《たかちか》の元に届けた。同時に会津と桑名の両藩主と慶喜の殺害を命じる内容の、抹殺要請文も渡された。この勅（命令文）には日付も記されておらず、厳重に管理された摂政の許可印も押されていなかった。薩摩と岩倉・朝廷内討幕派による組織的な公文書偽造によって成されたこの文書は長州の毛利家に保管されていた。これによって徳川慶喜の他朝廷と京の治安を守った会津と桑名が朝敵にされる事になる。「朕《ちん》（※われ・仮想の睦仁）、今、民の父母と為《な》り、この賊《ぞく》を討たずして、何を以《も》って上は先帝の霊に謝《しゃ》し、下、万民の深讐《しんしゅう》（※ふかいうらみ）に報《むく》いむや。……汝宣《なんじよろ》しく朕の心《しん》を体《たい》して（※理解して）、賊臣《ぞくしん》慶喜をてんりく（※殺害）し以《も》って速やかに……これ朕の願《ねがい》なれば敢《あ》へて或《まど》ひ（※まよい）おこたる（おろそかにする）こと無かれ」。「右二人（※会津公・桑名公）……其《そ》の罪軽からず候《そうろう》、之《これ》に依《よ》り速やかに誅伐《ちゅうばつ》を加うるの旨《むね》、仰《おお》せ下され候事」。新天皇に成り済まして書かれた偽文である。（※は筆者による）

これを受け取った広沢真臣《さねおみ》（長州）と大久保利通は西郷らと共に芸州（広島）艦で長州に向かい三田尻で敬親《たかちか》に手渡した。この後鹿児島に向い、大久保の手で久光にも渡された。偽造した文である事が判れば切腹ものであったが、どちらでも疑いを持たれず受け入れられた。効果は大きく、これによって出兵が即決され、さらに薩長芸三藩同盟へとつながった。

密勅の文を起草した玉松操《みさお》はこの他にも王政復古の勅や「錦旗《きんき》」の図案をつくり戦場に持ち込ませる案を出した政変の裏方役だった。元々は国学者で岩倉が洛北に蟄居《ちっきょ》している時に腹心となり倒幕後も岩倉の側近として権判事《ごんはんじ》の職を与えられたが、復古原理主義者であったため新政府の欧化政策に反発して職を辞した。

薩摩藩は十一月十三日に藩主と藩兵三千名を乗せた艦隊で出兵を開始した。長州藩は諸隊千二百名が二十五日に出港、芸州（広島）藩も二十八日に三百名が京都入りした。薩長芸三藩同盟による動きは以上であるが、桂小五郎が京都にいる品川弥二郎《やじろう》に送った手紙には「……新天皇を徳川に取られてしまっては討幕の密勅から兵員動員までの芝居が全て終わりになってしまうから京都で敗退の状況になった場合は備前に連れて確保をする」と書いている。この為に長州は千二百名の兵を尾道《おのみち》に配置した。

十二月に入ると慶喜を国政に留めておこうとする土佐・肥後（熊本）・筑前《ちくぜん》（福岡）・越前の

公議政体派が抵抗しこのままでは慶喜（徳川）主導の体制になってしまう恐れが出て来て岩倉や薩摩は危機感を募《つの》らせたが八日夕刻から翌朝にわたって開かれた朝議では二条摂政が先導したものの倒幕派にごり押され毛利敬親《たかちか》・定広《さだひろ》父子の官位復旧と三条実美らの赦免が決められ八・一八以前に逆戻りする事になった。

この朝議が終了すると時機を窺《うかが》っていた薩摩・芸州・土佐・尾張・越前の先兵が御所九門を封鎖し親幕派の公家を排除した後に岩倉が参内《さんだい》し「王政復古の大号令」を宣告した。「大号令」の内容は将軍職追放と守護職・所司代の廃止、摂政・関白を廃止して換わりに総裁・議定《ぎじょう》・参与の三職を置く、というもので、三職の総裁には有栖川宮熾仁《ありすがわのみやたるひと》、議定に山階宮《やましなのみや》・中山忠能・仁和寺宮・正親町三条実愛・中御門経之《なかみかどつねゆき》の他に島津茂久・徳川慶勝《よしかつ》（尾張）・山内容堂・浅野茂《しげ》勲《こと》（芸州）・松平春嶽が、参与には岩倉・大原重徳《しげとみ》の他に三名と五藩から各三名で、薩摩の参与は西郷・大久保・岩下方平《いわしたみちひら》の精忠組で占められた。

（十七）〈「御用盗」とイギリス〉

西郷は伊牟田尚平《いむだしょうへい》・益満休之助《ますみつきゅうのすけ》に後方攪乱《かくらん》の密命を与えて江戸に派遣していた。三田藩邸に尊攘派の相楽総三《さがらそうぞう》の浪士部隊を囲って毎夜のように江戸内外の大商屋などに押し入って金品の強奪を繰り返し、応じない者は斬殺した。江戸で魚問屋を営んでいた三郎兵衛《さぶろうべえ》の記録には「十一月十六日、昨夜播磨屋《はりまや》へ強盗乱入、二千両余り奪い取られ……十七日……夜分に強盗三十名程三田の……方に押し入り家主一人即死し金《かね》強奪……十九日、七千七百両程……」と書き残している（『江戸東京の明治維新』横山百合子から引用）。これらの強盗殺人集団は犯行が終わると三田の薩摩藩邸に帰るので市中の人々から「薩摩御用盗」と呼ばれた。

伊牟田と益満は万延元年（1860年）十二月のアメリカ公使館員ヒュースケン暗殺に関わった攘夷派でその筋では名の知られた存在であったので、人員を集めたりテロを実行させたりするには適役であった。

王政復古のクーデターが断行されたとはいえ、その勢力の中には親幕派の土佐や越前などが巻き込まれる形で入っており、慶喜の辞官や納地について強硬に抵抗した。この問題について討議する為十二月九日の午後六時から三職会議（小御所《こごしょ》会議）が開かれた。総裁の有栖川宮と三職に任じられた二十七名が出席し新天皇も控えていた。西郷は会議の場には入らずに徳川勢力との衝突に備えて外で警備の指揮をしていた。

中山忠能《ただやす》が開会宣言をした後公家側から慶喜は官位と領地を朝廷に帰すべきであると提起された。大政奉還を勧めた後のクーデターによって構想を変えられてしまって憤慨していた容堂が、公家が幼い天皇を利用して権力を欲しいままにしている、と倒幕派の公家を非難すると、岩倉はこれに対して天皇の御前で無礼ではないか、と新天皇を後ろ楯にして応じ、暫《しばら》くして容堂は新天皇に対して謝辞を申し出た。その後春嶽が容堂を補佐して抵抗を続けると岩倉は安政五年（1858年）六月に井伊直弼《なおすけ》が天皇の勅許を得ずにアメリカと通商条約を結んだことを引き合いに出して、幕府は天皇や朝廷をないがしろにしてきたのでこれを反省して官位と所領している土地を返して誠意を見せるべきであると返し、さらに大久保がこれに抵抗するのであれば討伐すべきだと岩倉の発言を援護した。土佐の後藤象二郎《しょうじろう》が大久保に反論して深夜の時刻にまでなったところで休憩をとった。

ここで岩下方平《みちひら》が西郷のところに行って会議の様子を伝えた。偽勅《ぎちょく》を出して五藩の兵を京に動員したのであるから引き下がることは許されず、西郷は短刀ひとつあればすむことだと、平然と口に出した。岩下はこれを大久保と岩倉に伝えたが、岩倉はその後短刀を懐に入れて再開された会議に出た。このことが周囲の出席者に知れ渡り容堂の耳にも入った。

ここで慶喜を再起不能にしなければ朝廷の武力制圧は水泡となる。新天皇の面前で非常手段

クーデター側と公議政体・慶喜との攻防	（慶応三年）
慶喜は幕府残存策をはかり、陸軍と艦隊に来援を命じる	12月9日
肥後・筑前・阿波藩などが薩長側に御所からの軍隊引き揚げを要求	12月12日
在京の幕軍・会津・桑名藩兵など一万名が大坂城へ移動	12月12日夕
辞官納地に応じれば慶喜を議定に任命すると妥協案が出る	12月13日
慶喜は大坂城で六ヶ国（アメリカ・イギリス・フランス・オランダ・イタリア・プロイセン）公使と会談して内政不干渉と外交権の保持を承認させる	12月16日
朝廷に対して「王政復古の大号令」の撤回を要求	12月19日
朝廷は幕府による大政委任の継続を承認	12月22日
朝廷は慶喜を「前内大臣」として諸大名会議の執権者として認める	12月28日

を使ってでもこの会議で決着を付けなくてはならない。その勢いに押され身の危険を察知した容堂ら公議政体派がこれ以上の論争を断念し、慶喜の政治参加は官位と領地を返上してからということに決定され公議政体派はここで一旦沈黙した。

朝廷を制圧した勢力の中に慶喜に並ぶ程の諸侯の注目を集める人物はいなかった。逆に薩摩の後ろ楯を得て前面に踊り出た岩倉具視は前天皇毒殺の噂が流れ出ており諸侯たちの信頼を得るには程遠かった。

慶喜は突発の軍事衝突を避けるため大坂城に移り、諸国の公使を集めて外交権が従来通り幕府にあることの承認をとった。さらに薩長側に「大号令」の撤回を要求し、大政委任を継続させることも認めさせた。この様にして公議政体派と共に慶喜の巻き返しが行われて、クーデターは「芝居大崩れ」となる様子を見せてきていた。

こうした中で三田藩邸を拠点とする後方攪乱が活性化していた。幕府は犯行が日に日に大胆になっていくのをみて、予防の策を講じるように江戸市中取締役の庄内藩主酒井忠篤《ただずみ》に命じた。

これを嘲笑うかの様に伊牟田らは十二月二十二日の夜に庄内藩の預かりとなっていた新徴組《しんちょうぐみ》の屯所に銃撃を加え、翌日の夜明け前に江戸城の二ノ丸に放火した。さらに同日の夜には休息中の庄内藩士らに向けて多数の銃弾を浴びせて挑発した。ついに老中稲葉正邦《まさくに》は庄内・上山《かみのやま》・鯖江《さばえ》・岩槻等から成る薩摩藩邸鎮圧部隊を編成し犯人の捕縄を命じた。二十五日鎮圧隊が早朝から藩邸を包囲して実行犯の差し出しを要求しようとしたところ銃撃してきたので鎮圧隊が砲撃し戦闘となった。

邸内に入っていたのは藩士や浪士二百名程でその内の百十二名が捕縄され、死亡は六十四名、残りは蒸汽艦「翔凰丸《しょうほう》」に乗り込んで幕府艦隊の追跡を躱《かわ》して兵庫方面に逃亡した。幕府側の死者は上山《かみのやま》藩兵が九名、庄内藩兵が二名であった。この時に逃亡した伊牟田や相楽らは年が明けた一月八日に岩倉・西郷の意向を受けて近江《おうみ》（滋賀）で「赤報隊《せきほうたい》」を結成して東山道《とうさんどう》軍先鋒として「年貢半減」を宣伝し民衆工作を進めたが、このことが後に「偽官軍《にせ》」の行為であるとして相楽ら多数が処刑される。

浪士を囲っていた三田屋敷であるが、ここはイギリス公使館員の情報収集の場でもあった。

「二人の薩摩藩士から政治上の情報を得るため、しばしば三田の薩摩屋敷に出入りした。……この薩摩屋敷は、大勢の浪人や乱暴な政治的人物の隠れ家として評判が高かったので、ついに将軍の警吏《けいり》の包囲するところとなり、焼打ちされた」（サトウの前著）。西郷の伝令が京を出て三田に着くと持って来た情報をここで得てパークスに伝えていた。イギリスと薩摩の窓口はサトウと西郷であり、三田屋敷は情報交換の場であるとともにテロを行う浪士らの巣窟でもあった。サトウの前文の中の「二人の薩摩藩士」というのは南部弥八郎と柴山良介で、柴山は西郷の指示で藩邸に入っていたがこの時捕縄され、審問を受ける際に自分が責任者だと叫んでピストルで自決した。

武力による政権交替はイギリスの意向であったが、慶喜の周旋《しゅうせん》によって平和的に進みつつあった時に、西郷はイギリスの意を汲んで内戦に持ち込む機会を御用盗を使ってつくった。

薩摩邸攻撃の報は大坂城に十二月二十八日に届いた。幕府関係者の怒りは沸騰し、年が明けた元日に薩摩藩を非難して江戸で強盗殺人に関わり逃亡した者の身柄の引き渡しを求め、拒否するのであれば直接断罪する、と表明した。

幕府権力の介入を歴史的に拒絶してきた薩摩の視点からみれば、この表明は宣戦布告に等しいものであった。

（十八）〈鳥羽・伏見戦　口火を切る薩摩〉

芸州藩は慶応三年（1867年）九月に倒幕派の藩士植田乙次郎《おとじろう》が大久保・桂らと「薩長芸三藩盟約」を結び倒幕のための出兵を互いに約束したが公議政体派への接近の動きも一方で見せ、土佐に続いて大政奉還建白書を出すなど二股路線をとっていた。他の藩も大小の差はあるが同様で、親幕・倒幕・公議政体が存在しており、藩主一人の決定がまとまって藩全体を動かすということが困難になったのがこの時期で、一歩間違えれば激しい内訌戦《ないこうせん》になってしまう危険性があった。

土佐の後藤象二郎は公議政体の容堂公を支えた。以前板垣退助は後藤と同じ佐幕・開国・門閥打破の改革者の吉田東洋の門下（少林塾）にあった。しかし東洋が土佐勤王党によって暗殺

（十八）〈鳥羽・伏見戦　口火を切る薩摩〉

後藤象二郎	板垣退助
殖産興業など開明的	攘夷を理解・利用
土佐勤王党（攘夷派）を断罪	投獄されていた勤王党員を赦免
大政奉還建白を容堂にすすめた（公議政体）	大政奉還に反対
「薩土盟約」を結ぶ（慶応三年六月二十二日）（政治協約）	「薩土密約」（慶応三年五月二十一日）を結ぶ（軍事協約）
平和的政権移行	武力倒幕

されると後藤はこれを断罪し、事件に関わった武市半平太《たけちはんぺいた》らを切腹・斬首・投獄に追い込んで壊滅状態にした。後藤の構想は、平和的な方法での新政権の樹立で中岡慎太郎・福岡孝弟《たかちか》らと共に薩摩との間に「薩土盟約」を結んだが「討幕の密勅」によりこの盟約は反故《ほご》にされてしまった。後藤は暫《しば》くしてサトウに会った際にイギリスの政治の仕組みについて知識を得ようとして相談役として雇いたいと申し入れたが日本にイギリス型の政体を望んだわけでは無く、サトウは辞退した。

他方の板垣退助は慶応三年二月頃に江戸の土佐邸に相楽総三ら浪士を一時保護して薩摩藩に預けるなど武力倒幕派で、慶応三年五月二十一日に谷干城《たてき》・毛利恭助《きょうすけ》らと共に薩摩と「薩土密約」を結んでいる。

これは藩論が如何《いか》にあろうとも必ず兵を率いて薩摩藩に合流するという軍事密約であった。江戸から帰る際に大坂に寄ってミニエー銃を購入して投獄されていた多数の勤王党員を解放し部隊を編成、十二月二十八日に伏見の警固についた。容堂公は戦列に加わることを厳禁していたが、独自の判断によって参軍を決めた。

一月二日の朝、一万五千名の幕兵は京都をめざし進撃、淀《よど》まで行くと鳥羽《とば》方面へ進む隊と伏見方面へ進む隊とに分ける事にした。鳥羽街道と竹田街道のそれぞれ中間の下鳥羽・伏見周辺には薩・長・芸・土の総数五千名の部隊が阻止線を張っていた。

三日千六百名の鳥羽方面隊は小枝橋の手前まで進み夕方近くになって小休止をとったが、この間に薩摩隊が前方と側面から包囲した。幕府隊は縦隊態勢で銃を所持していない者も多かった。休みを終えて前方へ突破しようとした時に薩摩の大砲が鳴り響き先鋒は大崩れとなり後続の見廻組と桑《くわ》名《な》兵が加勢したが、薩兵の火力が強いため淀方面に退却した。

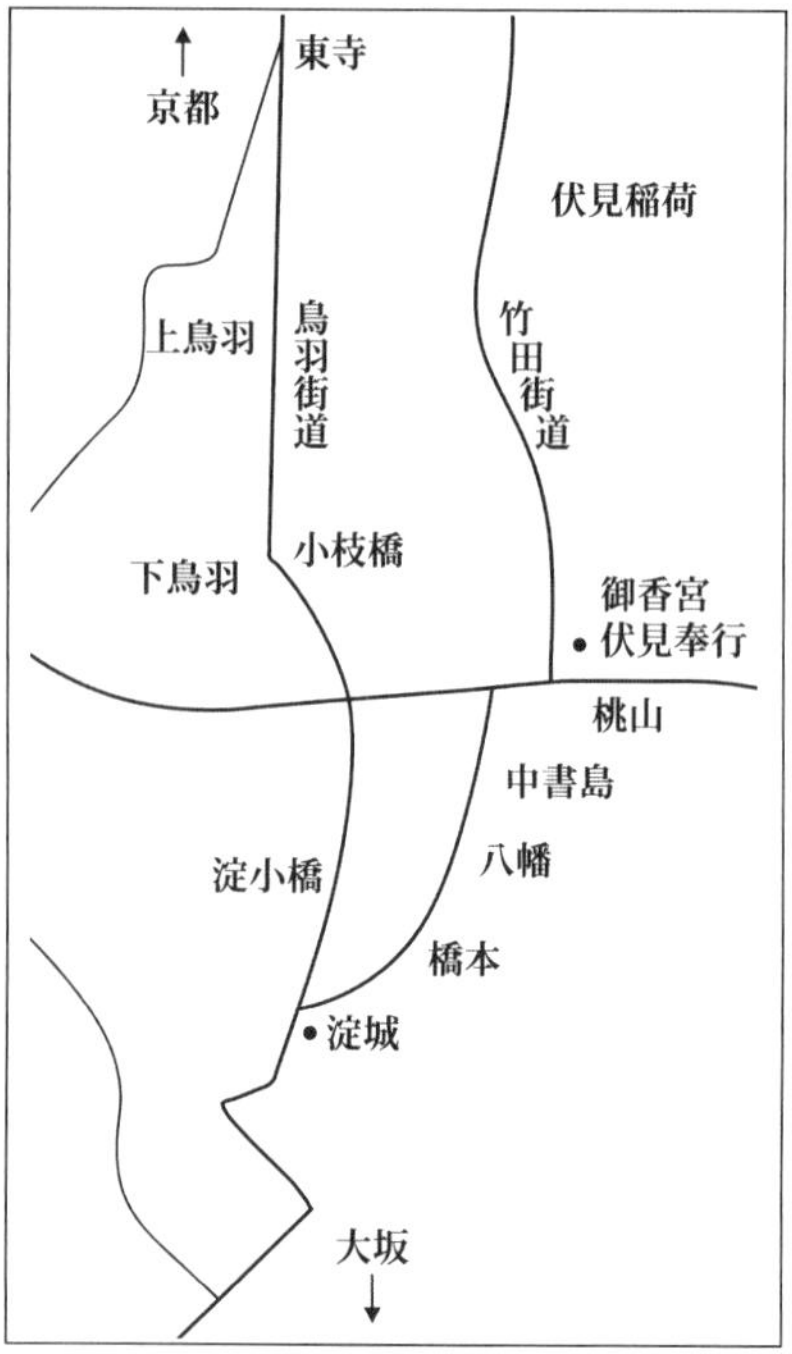

竹田街道では薩摩・長州・芸州

の八百名が対峙していたが、鳥羽方面から砲声が響き渡ったのを聞いて戦闘が始まった。奉行所を拠点としたのは陸軍伝習隊・会津・新撰組で、薩兵が御香宮《ごこうのみや》の山上から撃った砲弾が近辺に落ちて来ると薩兵陣地に斬り込み隊を突入させることを決め、永倉新八《しんぱち》が率いる新撰組が塀を乗り越えて進撃すると勢いに圧倒された薩兵は周囲に火を付けて後退した。会津は長州兵を桃山方面に追い払ったが、長州兵が放った火が拡がるのを危惧して時刻は四日の午前三時になっていたが追撃を躱しながら中書島《ちゅうしょじま》まで撤退した。

四日朝八時頃から小枝橋前の薩兵陣地に砲弾を打ち込んで陸軍歩兵隊が進撃すると薩摩隊の方から朝廷が戦闘時に掲げる錦旗《きんき》が振り上げられた。

にわかにできたばかりの、知恵者の岩倉と大久保が手配したものだった。歩兵隊は前進を続けて小枝橋を越えて追撃したが、連隊指揮の佐久間信久《のぶひさ》が馬上で相手の伏兵に撃たれて倒れると隊が崩れて包囲され大打撃を受けた。この時薩摩側には薩土密約による、容堂公の意向を無視した土佐兵も参戦していた。この日少し離れた所で戦闘を注視していた幕軍総督の大河内正質《おおこうちまさただ》は薩兵の錦旗《きんき》を見て衝撃を受け撤退命令を出し全部隊は淀城下まで後退した。

五日は長州が鳥羽街道を追撃して来て会津と新撰組が白兵戦で押し返すが、長州兵が町屋に付けた火が障害となり淀小橋まで退いた。この日新撰組は戦死六名・重傷一名（後に死亡）

を出している。会津も大砲隊長林権助《はやしごんすけ》が銃弾を受けて戦死するなど多数の人的被害を出した。この後幕府勢力は木津川と淀川に囲まれた橋本・八幡の一帯に拠点を移した。

大方の戦闘の流れは決まってきた。初めは大砲を撃って相手の隊列を崩してから銃撃を加える。幕府勢力は鉄砲を持っていない兵員が多いので、刀や槍で民家の影などに隠れながら距離を詰めて一斉に襲いかかる。薩長の兵は全員が銃を所持して、身軽にする為に刀は指揮に関わる者以外は持っていないが鉄砲はライフル銃とはいえ前装式の単発であるため一発発射した後は次の銃弾を入れるのに時間がかかってしまう。ここで新撰組ら剣客の活躍となるがしばらくすると後退した薩長の銃兵が隊列を整えて再び銃撃してくるので撤退を余儀無くされる。旧幕府勢力にとって深刻な問題は火力（銃）の不足であった。

六日、鳥羽口方面に幕府勢力は阻止線を張ったがすぐに薩摩兵が銃火を浴びせてきた。白兵戦で双方に多数の死傷者がでて相手の兵を後退させたが、しばらくすると追撃してきた。同じ頃、舟で木津川を渡ってきた薩長の兵に対峙していたが、昼近くになって対岸の守備についていた藤堂《とうどう》軍（津藩）が謀叛して幕兵に向けて砲撃を行った。

会津兵らと合流した新撰組は淀城に入城しようとしたが留守居役の田辺治之助《はるのすけ》は開門を拒絶した。淀藩主稲葉正邦《まさくに》は江戸城にあって薩長に対しては強硬派の首脳の一人であった。しかし城を預かる家老らは互いに内通して幕兵に対しては勅命であるとして入場を拒否する事を決めていた。已む無く大坂へ戻ることになり追手と戦闘をしながら入坂した。

幕府海軍はこの間敵艦の動きを警戒していたが一月二日に御用盗らが乗り移った船を大坂湾沖で発見し、主力艦「開陽」と「蟠龍《ばんりゅう》」が砲撃しながら追跡したが、兵庫港内に逃げ込まれてしまい、外国船が多く入港している港内ではそれ以上の攻撃は不可能となった。四日、「翔鳳《しょうほう》」をけん引する薩摩艦「春日《かすが》」を発見した開陽はこれを追跡して砲戦となったがしばらくして春日は翔鳳に火を付けて引き離し鹿児島方面に逃亡した。戦闘が始まった一月三日から六日までの四日間で幕府側の死者は二百八十名、この内会津が百二十名を出し、薩長側も百十名が死亡していた。大坂城内では慶喜をはじめ遊撃隊など八千名余りが戦況を喰い入る様に注視していた。慶喜は陣の先頭に立つと宣告して出動準備の命を全軍へ出した。その後作戦の検討の為に会津藩の軍事奉行添役《そえやく》の神保修理《じんぼしゅり》を呼んで意見を質《ただ》すと、直ちに江戸にお帰り善後策を、と進言した。新撰組局長の近藤勇《いさみ》も、将軍は関東の兵を整えて再上洛されたらよろしいのでは、と言上《ごんじょう》した。統領の生命と今後の反撃体制を固める必要性を進言するという意では相応の返答であった。

この日の暗くなって間もない時刻に慶喜の居間となっている部屋の近くに火が付けられたが、

警戒していた新撰組の隊士に発見されて消し止められた。火を付けたのは慶喜の護衛についていた遊撃隊の隊長桃井春蔵《もものいしゅんぞう》で、文武と品格の双方に優れていたので見込まれてこの任に就いていたが、剣術道場で武市半平太《たけちはんぺいた》らと知り合う内に土佐勤王党の同調者へと変節していた。桃井は火を付けた後土佐藩蔵屋敷に逃亡した。

江戸に帰って幕府勢力をまとめて再上洛するか、又は関東で迎え撃つか、今大坂にいる部隊で早期に決着をつけるか、三つの選択肢があったが、転回の早い雄弁家の慶喜はそれ以外のものを選び夜分になって江戸に帰ると表明した。慶喜と松平容保・定敬《さだあき》・板倉勝静《かつきよ》・永井尚志《なおゆき》とその護衛は舟で沖に出て開陽丸に乗り移った。残りの幕臣・藩兵・新撰組隊員らは紀州藩に一時お預けにされた。

開陽丸は十一日夜に品川沖に到着したが、これによって関西地方で幕府勢力の影響が一挙に崩れた。

大坂城には薩長の兵が入りこれに反発した一部の幕臣が城に火を付けた後に自刃し、城とその周辺を燃やす大火となった。ここまで至るにはイギリスの影もちらついていた。鳥羽・伏見戦が始まる前に伊藤博文はイギリス側に、戦争が大坂に拡大すれば大坂城はその中心となるから城の真裏にあるイギリスの公使館は危険になる、と忠告した。パークスはこれに応えて「軍隊をすべて大阪から撤退させよ。さもなければ自分は二個連隊の兵士を大阪へ呼び寄せるであろう」（サトウの前著）と幕府に宣告した。イギリスが軍威による圧力をかけて幕府勢力を大坂から追放しようとしていたのである。

サトウはパークスについて「力の及ぶかぎり大君の没落に貢献してきた」と、慶喜との関係を述べ、その慶喜についても「彼は、おそらく自分の軍隊の勇気を信頼することができなかったのであろう」（前出）と述べている。

朝廷は一月七日に「徳川慶喜追討令」を出すと共に東征大総督府《とうせいだいそうとくふ》を設置し、総督に有栖川宮《ありすがわのみや》熾仁《たるひと》、参謀に西郷隆盛と広沢真臣《さねおみ》を任命した。関西方面で倒幕を明確に示していなかった藩も連鎖的に恭順《きょうじゅん》し、藩兵を参軍させるか莫大な金を差し出した。又、抗戦的な人物がいれば自刃か処刑させて同調を示さなければならなかった。

江戸城においては議論が繰り返されていた。慶喜が変節し強硬論の代表格である勘定《かんじょう》奉行兼陸軍奉行並の小栗忠順《おぐりただまさ》を罷免《ひめん》した。小栗は早くから開国を主張し、銃の製造を目的として「関口製造所」を設立し、築地ホテルなど近代洋館も建設した。罷免された後は領地の権田《ごんだ》村（高崎）で水路の整備などをしていたが、後に西軍の手配の者によって捕えられ近くの河原で三名の家臣と共に斬首された。その二日後には息子の又一も捕えられて斬首されたが、婦人らは護衛に守られてようやく会津までたどり着くことができた。御用盗の巣窟だった薩摩藩邸の攻撃を主導した小栗を徹底断罪するという、西郷・岩倉らの強い執念がここに見て取れる。

慶喜は陸軍総裁に恭順派の勝海舟《かいしゅう》を登用した後二月十二日に権力を丸投げして上野の寛永寺に引き籠《こも》った。これにより関東も政治・軍事が流動的となった。三月九日に勝海舟の使者として駿府《すんぷ》（静岡）に出向いた山岡鉄舟《てっしゅう》に対して西軍代表の西郷は江戸城と軍艦や兵器の引き渡しを含む無条件降伏を要求した。

イギリスによるフランスへの批判もより強くなっていった。「ロッシュ公使の陰謀は、むだであると同時に、ばかげていた」。「幕府なくしては彼の独占事業（※横須賀造船所）の契約は必ずや失敗するに違いない……真の皇帝に政治の主権が戻るにつれて、ロッシュ公使が苦労して築き上げた勢力は今や崩壊しようとしていた」（ミットフォードの前著・※は筆者）。徳川の排除はフランスの影響力の排除と同義で、これを自国の兵を一兵も使わず日本の勢力が代行してくれるならば一石二鳥《いっせきにちょう》であった。

イギリスの日本における行動の原理は反政府を支援し権力の移行を促すことであったが、1866年（慶応二年）2月にクラレンドン外相が在日公使館に出した訓令は「抗争においてはどちらの党派にも味方せず、単に日本との貿易の発展を望み……」と薩長支援に釘《くぎ》を刺している。これは帝国主義のパーマストンを批難し国内改革を重視するラッセル内閣に換わったことによるものであるが、砲弾を使っての軍事行動こそ控えたものの、訓令通りに180度方針転換し薩長を見放すことをパークスはしなかった。その結果、イギリスが薩長支援に偏向しているのを座視できなくなった関係各国は局外中立を宣告し、兵員の輸送や軍艦を含む武器弾薬の売却行為を内戦の当事者双方に行うことを禁止した。しかしイギリス公使館は局外中立に反対するものではないが貿易商人たちの行為については自己責任で行っているために当局としては禁止はできない、という表示を出した。これに刺激された各国の武器商人が武備を急ぐ藩の需要を受け付けて大量の武器を運び込むことになるが、ここで商船が入出港する港の確保が重要になってきた。

（十九）〈世良修蔵の登場と戦火の拡大〉

勝海舟はサトウを介して全面降伏要求で寛大な条件を引き出す為にパークスに働きかけた。サトウと勝は互いに情報交換を行う仲だった。「私の入手した情報の主な出所は……勝安房守《アワノカミ》……であった。私は人目を避けるため、ことさら暗くなってから勝を訪問することにしていた」（サトウの前著より）。本国からは外相を通じて貿易重視の指令が出ており西軍が総攻撃を行えば貿易拠点である横浜にも悪影響を受けることになる。パークスは寛大な処分を西郷に要請し、これを受けて三月十四日の勝との会談で慶喜の死罪赦免、江戸城の無血開城、武器と軍艦の若干数の保有を認めることが決まり、翌日予定の江戸城総攻撃の中止指令が出された。西郷は総攻撃にあたってイギリス公使館付属の医師ウィリスに西軍負傷兵の治療を要請していたが、当局は各国に対して余りに露骨であることを理由にこれを断っていた。ウィリスは麻酔をして弾丸を取り除く治療を行っていて、日本人医師にはできない方法だった。最後の頼りはイギリスで、その意向を超えて行動する事はできなかったのである。四月一日にパークスに会い総攻撃中止を報告、十一日に江戸城が開城された。「賊臣《ぞくしん》慶喜をてんりく（殺害）し」と密勅で慶喜の処刑を命じた事を撤回した西郷に対しては長州の木戸や広沢が突き上げを行う事になる。

大坂城を撤退した会津藩兵が和歌山藩領を経由して輸送船で江戸に着くと容保《かたもり》は藩兵を置き去りにしてきたことを謝罪した。その後会津藩は江戸城への登城禁止を言い渡され已むなく自領へ戻った。

薩長に対する憎悪が渦《うず》巻く中で、会津藩は二月初めから抗戦強硬派の佐川官兵衛《かんべえ》を中隊司令官に任命してフランス人教官を招いて洋式訓練を行い各隊を年齢別に再編成し農町兵の徴募も行った。抗戦の体制がとられる中で、大坂にあって慶喜に東帰を進言した神保修理《じんぼしゅり》は切腹を命じられた。

容保は会津に戻ってからは恭順の姿勢を示したが、内部では軍事優先を指示し、梶原平馬《かじわらへいま》が新潟港でエドワルド・スネル（スネル兄弟の弟）からヤーゲル銃（プロシア製の前装式ライフル）の購入を試みた。江戸から海路を使って四月十一日に新潟港へ入った梶原は軍資金が足りずに武器の荷揚げができず、この船は後に荷を積んだまま西軍の艦砲を受けて撃沈された。銃の補充は遅れており、この時点で総計で四千挺余りで、その内の半数はゲベール銃や火縄銃といった旧式銃であった。総兵員は七千名余りで、銃の普及率は驚く程低かった。慶応三年（1867年）二月にプロシアの武器商人カール・レーマンを介してドライゼ銃（後装ライフル）一千挺を発注していたが到着が大幅に遅れ間に合わなかった。大砲の主力はライフル砲の四斤《よんきん》野砲《やほう》で、五十門ほど確保していた。十分な銃が補充できなかったのは守護職に就いていた時の出費が厖大で財政破綻が続いていたためで、これを解決する為に若松城の西出丸で千名以上の職工を集めて「御城吹」といわれた軍資金の鋳造を始め百二十万両を製造した。これと並行して武器商人ヘンリー・スネル（スネル兄弟の兄）を自領に招いて軍事顧問に就けた。

アーネスト・サトウには野口富蔵《とみぞう》という、秘書兼通訳の役をしていた片腕のような人物が常に傍《かたわ》らにいた。会津藩は蝦夷地《えぞち》（北海道）にも領地を持ち二百名程の藩兵で樺太《からふと》警備を行っていたが、野口はその中の一人で藩命により英語習得の為に箱館のイギリス領事官に就いた。ここでサトウに常時随行する様になり危機の時には刀を抜いてサトウを救ったこともある。

慶応三年三月にパークス一行が大坂に行った際に、サトウが会津の藩士らと会合する為の手配をさせる為に野口を京都へ行かせると、四名の藩士が一緒にやってきた。イギリスは徳川の最強硬藩である会津の内部の動向を直接知りたかったのである。梶原平馬・倉沢右兵衛《うへえ》・山田貞介《ていすけ》・河原善左衛門《ぜんざえもん》はイギリス側から船中で酒宴のもてなしを受けたが、サトウが特に印象に残ったのは若くて礼儀正しい梶原が用意されたシャンペン、シェリー、ラム、ジン、ウィスキーを一息で飲み干してみせる姿だった。梶原は二十五歳で容保の側近の家老だった。同席したミットフォードは「我々は相反目する二派……それぞれから……訪問を受けた。大君側の主たる者は北方の会津藩からの使者で、彼らは徳川将軍の名誉を守るためには、いつでも命を投げ出す覚悟であったし、実際にそうしたのである」（前著）と書いている。梶原はその後軍資金や武器の調達にあたり、奥羽の同盟結成でも主導的な役割をする。なお、野口は戦火が会津に近くなるに従い心境が複雑になって行った。

江戸に戻った近藤勇が新たに率いる事になった「甲陽鎮撫《ちんぶ》隊」は幕府天領の甲府城を目指して三月一日に行軍を開始したが、城に着く一日前の三月五日に板垣退助が率いる部隊四百名に入城されてしまった。やむをえず手前の勝沼付近で布陣していたが、翌日になって戦闘となった。鎮撫隊は洋式砲二門にミニエー銃を装備していたが、道中で脱走兵が多数出た為に百二十名程しか残っておらずに苦戦を強いられ、二時間程の戦闘の後敗走を余儀無くされた。近藤は一度江戸に戻ってから会津へ向かうが、途中の流山《ながれやま》に入ったところで西軍に捕縄されて後に斬首された。

三月九日の朝、旧幕兵およそ九百名が大砲数門と多数の銃を所持して梁田宿《やなだじゅく》（足利）で宿泊していたところを薩摩・長州・大垣の部隊が包囲して攻撃、二時間近くに亘って戦闘となった。旧幕兵（「衝鋒隊《しょうほうたい》」）は戦死六十名・負傷七十名を出し渡良瀬《わたらせ》川を渡河して二十二日に会津に入ったが、三日後には新潟方面に向かい八月末まで西軍と交戦を重ねた。

衝鋒隊を率いたのは古屋佐久左衛門《ふるやさくざえもん》で、元々は神奈川奉行所で英語の通訳をしていた。古屋の隊は後にもう一度会津に向かい、その後は榎本艦隊と行動を共にする。甲陽鎮撫隊と衝鋒隊の進軍は江戸から抗戦強硬派を放逐《ほうちく》する目的で勝海舟が軍備や資金を流用させてこれを促したものであった。

庄内藩《しょうない》は征長戦で幕軍が敗退するのを見て軍の大改革を行い、全軍を銃隊として訓練を始めた。慶応四年（明治元年）になると元幕軍歩兵や新徴組《しんちょう》らを自領へ連れて帰り、さらに農町兵多数を徴募した。三田屋敷を包囲鎮圧する主役を担った事から薩摩の目の敵《かたき》にされているため武備を急ぐ必要があった。

対ロシア防衛の為領地の留萌《るもい》と天塩《てしお》に派遣していた数百名の藩兵を国元に戻し、プロシア人貿易商人のガルトネルとスネルからシャープス銃（アメリカ製の後装式ライフル）・ミニエー銃・七連発スペンサー銃と大量の弾薬を購入した。これは東西全国の藩の中でも突出した近代的装備であった。

会津では恭順の姿勢を見せるため謝罪嘆願書を朝廷に届けようと諸藩や輪王寺宮《りんのうじのみや》（前天皇の義弟）を通して工作を行っていたが、仙台藩も米沢藩・二本松藩と協議し使者を会津に出して意志を確かめる回路をつくった。西軍は三月二十三日に奥羽鎮撫総督《おううちんぶそうとく》の九条道孝《みちたか》が参謀の醍醐《だいご》忠敬《ただゆき》・下参謀《しもさんぼう》の大山格之助（綱良・薩摩）・世良修蔵《せらしゅうぞう》（長州）を伴って薩・長・筑前《ちくぜん》（福岡）の兵五百名に護衛され仙台に上陸した。世良はここで会津藩に対して松平容保の斬首と鶴ヶ城の開城・三家老の切腹を要求した。

二十九日に九条総督は仙台藩を先鋒《せんぽう》にさせての「会津討伐令《とうばつ》」を出した。近隣藩による侵攻の強制である。江戸周辺で彰義隊《しょうぎたい》など旧幕勢力の不穏な動きが続いていて兵力を奥羽に集中することができないので近隣の藩を使って攻撃させることを決めた。さらに三十日に「庄内追討令」が出され仙台と天童《てんどう》(山形東部)の両藩に出兵を命じ、月が変わって四月七日には秋田藩にも庄内への出兵を命じた。

これに対抗するため同月十日に会津と庄内の間に「会庄同盟《あいしょう》」が結ばれ二藩の軍事連携と奥羽諸藩の同盟を促し薩長を追い払い朝廷を清める、という事が確認された。総督側からけしかけられた仙台藩は十八日に二本松藩と共に土湯《つちゆ》方面から進軍して会津兵と見せかけだけの戦闘を行った。

二十九日に仙台領地において家老の坂英力《さかえいりき》・但木土佐《ただきとさ》と米沢藩家老木滑要人《きなめりかなめ》・会津藩家老梶原平馬らが会合を持ち、仙台側は総督府を納得させる為に容保の謹慎《きんしん》と所領の削減・鳥羽伏見戦の責任者の切腹を会津側に求めた。会津は謹慎には同意するものの他の事については過誤は無い、という返書を後に仙台・米沢両藩主に届けた。鳥羽・伏見戦が誤りであったと認め腹を切れば御用盗が正義であった事を認める事になり、鳥羽・伏見で戦ったり戦死した兵員に対して弁解の余地も無くなってしまう。

月が変わり閏《うるう》四月三日、仙台藩は総督府に強要されて今度は中山峠付近を警戒していた会津兵と小戦闘を行った。その翌日、会津との戦闘行為を停止することを九条に告げたが逆に強化するよう命じられた。四月十九日に宇都宮城が大鳥圭介《おおとりけいすけ》が率いる旧幕府伝習隊によって落城していることもあり、緊張は高まっていった。

仙台・米沢両藩の主導で同月十一日に奥羽諸藩の代表を白石《しろいし》に集めて議論を交わした結果、容保は城外で謹慎しているので、寛大な処置が行われるべきであるという決議を得た。十四藩が嘆願書に署名し、後に他の十三藩も加わって「会津藩寛典処分嘆願書」と「奥羽各藩家老連名嘆願書」が作成された。

この嘆願書は参謀の醍醐忠敬《だいごただゆき》を通して九条・世良へと渡され、醍醐と九条は「嘆願を採用する」という見解を添書にして送ったが、これを見た世良は総督・参謀の意向を覆《くつがえ》して嘆願の却下（拒絶）を総督名で告示させた。

総督府に世良がいる限りこれ以上の交渉は無意味と判断した仙台・米沢両藩は今後は西軍最高機関の京都に設置されている太政官《だいじょうかん》に訴えることを決め、会津庄内追討軍の解散を宣告し他藩もこれに従った。後日慶邦は太政官に対して世良と野村十郎（長州・世良の補佐役）らの横暴な行動を野放しにしない様に文書で訴えた。

総督と参謀（両名とも公家）は雛壇《ひなだん》の上の飾り物で、長州と薩摩の下参謀《しもさんぼう》が実権を握っているという総督府の実態が露《あら》わになり、嘆願を無視して会津と庄内を追討しろという世良に対する反発は増々強くなった。

十七・十九の両日、世良・野村らは二本松城に向かい、藩主の丹羽長国《にわながくに》と子の面前で土足で表御殿に上がり込み「寝ぼけたこと言うな。会津攻めは御前会議で決められたことだ。逆《さか》らうんやったら二本松も会津といっしょに滅ぼす。ええんか」（『維新の肖像』安部龍太郎より）と会津への出兵を強要し、明日までに藩兵を千名出せと迫った。過渡期の草莽《かときのそうもう》から表舞台に飛び出した奇兵隊の世良が礼節を身につけていなかったことが奥羽諸藩に敵意を抱かせる一因になった事は確かである。

世良が会津と庄内への攻撃を命じても本気で攻撃する藩も見当たらず、恫喝《どうかつ》しても肝腎の手勢はわずかで力にならず近隣藩に会庄を攻めさせるという当初の目論見《もくろみ》は破綻《はたん》し、江戸・京都に軍兵の派遣を要請する他に策は無くなった。旧幕勢力による戦雲も関東各地に拡がり始めていた。伝習隊は小山《おやま》から結城《ゆうき》方面に移動中に西軍と遭遇して戦闘となり、これを蹴散らした。西軍は攻撃をくり返したが伝習隊の北上を止めることはできなかった。

火の手は房総にも及び、久留里《くるり》・鶴牧《つるまき》藩（市原）等から撤兵隊《さっぺいたい》が武器と兵員を得て市川・船橋・五井・木更津にまで戦闘が及んでいた。また旧幕府海軍の榎本武揚《たけあき》が品川沖から軍艦七隻を率いて離脱し館山湾に入った。請西《じょうざい》藩主林忠崇《はやしただたか》は自ら脱藩して藩士七十名と遊撃隊の精鋭を率いてこれに合流し箱根方面で遊撃戦を始めていた。この動きに同調して佐貫《さぬき》藩（富津《ふっつ》）は林軍を援軍することを決定し、西軍側に藩論を導こうとしていた家老相場助右衛門《あいばすけえもん》を銃撃して殺害した。富津に陣屋をもっていた佐貫・飯野《いいの》・勝山・前橋らの諸藩は林軍に兵員や軍資を差し出した後、林の率いる遊撃隊は箱根周辺で激戦を繰り広げてから榎本と共に奥羽に向かう事になる。会津藩の照姫《てるひめ》は容保の義姉《ぎし》にあたり郷里の飯野《いいの》藩とは近親の関係となっていたが、応援のため北辰一刀流指南役の森要蔵《ようぞう》が脱藩して門弟らを率いて会津へ向かった。江戸からは、郡上《ぐじょう》藩（岐阜）から脱藩した四十五名が「凌霜隊《りょうそうたい》」を結成してスナイドルやスペンサー銃で武装して大鳥圭介の伝習隊に合流し転戦しながら会津に向かっていた。

仙台藩で実質的に藩政を担《にな》っていたのは強硬抗戦派の但木土佐《ただきとさ》で、嘆願の却下を知ると藩境の警備を堅固にする様にと命じ、西軍の兵は極秘の内に藩境において討ち取る様にと指示を出した。

これによって特に言動横暴な世良修蔵は暗殺対象の第一人者とされて監視下に置かれた。

仙台領に隣接する福島藩（三万石）は家老渋川教之助《きょうのすけ》が恭順の意を表わしていたので総督府

の拠点になっており世良も滞在していた。この日は閏《うるう》四月十九日であったが新庄《しんじょう》にいる同じ下参謀の大山綱良《つなよし》あてに密書を書き福島藩士の鈴木六太郎《ろくたろう》に届ける様に命じたが、これが大山の元には届けられず仙台藩士瀬上主膳《せのうえしゅぜん》・姉歯《あねば》武之進《たけのしん》らの見るところとなった。その密書には奥羽は皆敵なので反撃の対策を練りたい、と書かれていた。

同日の夜、白河から戻った世良は常宿にしている旅館の二階の奥部屋に入りそのふたつ手前の部屋には従者の勝見善太郎が入った。瀬上主膳・姉歯武之進ら仙台藩士六名はその裏側にある宿を借りて世良を監視していた。女を部屋に入れた後しばらくして眠りについたのを確かめると、鈴木六太郎ら福島藩士三名と町の岡っ引多数が宿を取り囲んだ。姉歯らが二手に分かれて世良と勝見の部屋に向かうと、ひいきの宿屋のせいか両方とも安心して鍵をかけていなかった。戸を開けて押さえ込もうとしたところで世良は短銃で抵抗しようとしたが間にあわずに窓から外に飛び降りたところで捕えられた。勝見も刀を抜いたまま下に飛び降りたがそこで捕えられた。

二人は密書の内容について詢問《じゅんもん》を受けた後夜が明ける頃に阿武隈《あぶくま》川の河岸に連れていかれて罪状を読み上げられた後に斬首された。少し退って世良処刑の報が白石に届くと皆大歓声を上げてこれを喜んだ。

世良処刑の日の二十日、西軍の命令により二本松と三春藩兵が守備していた白河城を会津藩・旧幕純義隊・新撰組が占拠した。白河城の藩主阿部正外《まさと》は幕府老中として兵庫開港の責任をとらされて失脚し子の正静《まさきよ》は棚倉へ転封になって、城は城主不在となっていた。

同日昼に福島の定宿へ何事も知らずに戻ってきた長州藩の松野儀助は仙台・福島両藩士によって捕えられた後に斬首され、夜になって世良の馬丁《ばてい》（馬の世話役）をしていた男も近くの寺で斬殺された。翌二十一日、世良の補佐役の野村十郎が仙台藩士平田小四郎に斬殺された後阿武隈川に投げ入れられ、この他にも三名が討ち取られた。二十二日には国境の尿前《しとまえ》で秋田方面に弾薬を運んでいた薩摩藩の三名が殺害された。

世良修蔵による嘆願却下は、会津との間に入って平和裏に解決を図ろうとしていた仙台藩を、強硬抗戦へと変えることになった。

（二十）〈奥羽の結束〉

庄内藩は領地となったばかりの寒河江《さかえ》に派兵していたが、ここに征討軍が来るという情報を得たため撤退した。征討軍はここの年貢米を奪取する予定だったが庄内は先手を打ってその米を運び出し兵糧米として確保した。四月二十四日沢副総督が率いる征討連合部隊が清川口から侵攻して銃撃戦となったが、沢の軍はそれ以上前へ進むことはできなかった。翌日も最上《もがみ》川を挟んで戦闘となったが連合軍は新庄方面に敗走していった。月があけた閏四月四日に松前・米沢・館林・天童《てんどう》の連合軍と戦火を交えこれを追い払って天童陣屋を焼き払った。その後自領に戻ったが、この日の戦闘で連合軍の死傷者は三十二名、庄内軍は四名だった。

ここまでの戦闘では奥羽諸藩は総督府に強制されて已む無く庄内侵攻に駆り出された。奥羽諸藩の連携ができていないため奥羽同士を争わせて分断させる薩長の策に従うしか方法は無かった。仙台藩が世良を処刑して抗戦の意志を明確に示した三日後の閏四月二十三日、「奥羽列藩同盟」に二十六藩が調印して福島に軍事局を置いた。これは薩長から個別に会庄へ侵攻を強制されることに対する予防的なもので西側には見られなかった。同盟書の主な内容は㈠大義を天下に拡める㈡有事には各藩が救援する㈢私刑を謀《はか》ること・機密をもらすことの禁止㈣公平に従う㈤隣境への出兵は同盟へ報告する㈥これらに反したものは列藩によって厳罰を加える、というものだった。

（二十一）〈フランスの方針転換〉

重大な突発事件などが起きない限り慶応二年（１８６６年）からのイギリスの対日基本方針は威圧はするが発砲はしない、忠告や助言はしても表には顔を出さない、というもので、これはその年に日本のイギリス公使館に届いたハモンド外務事官の指令によるもので、繰り返すがもう一度記述すると「日本において体制の変化がおきるとすれば、それは日本人だけから端を発しているように見えなければならない」（１８６６年4月23日付）というものだった。露骨な姿を見せない様にしている為に「明治維新」も日本人だけで行った様に語られる事が多いのである。本国では帝国主義政策をとるパーマストン内閣から内治優先のラッセル、さらに不干渉主義のダービー内閣へと次々換わった為にパークスは単独での軍の直接投入や政治的介入は避けなければならなかった。

この様な中で三月二十五日、パークスは新天皇に謁見《えっけん》しイギリス女王の信任状を奉呈《ほうてい》した。日本に公使を置く他の国が局外中立を布告して双方への関わりを制限する中でイギリスは西軍を正式な政府と承認するための梃《てこ》入れを行ったのである。

その一方で親幕的政策を行ってきたフランスは本国政府の対日方針の転換によってロッシュ公使を閏《うるう》四月に帰国させることになった。メキシコに出兵したフランスは六年の間に疲弊して撤退したことは前述したが、さらにヨーロッパで台頭してきた新興国プロイセン（ドイツ）の脅威を意識しなくてはならなくなっていてイギリスに対抗して日本の東部勢力を支援する力は無かった。フランスの親幕政策に対抗意識を抱いてきたミットフォードは、ロッシュの帰国を前にして「彼の仕掛け花火は湿って火がつかなかった……今や公使たちに残された最良の道は、パークス公使の指導に従うことであった」（ミットフォードの前著）と、フランスとの対抗戦に勝利宣言を出し、同時にイギリスが各国在日公使の完全な頭目となったことを実感したのである。

（二十二）〈戊辰東北戦争〉

仙台藩は六十二万石であるが実石高は百万石に上り、動員可能な兵員数でも奥羽最大であった。慶応四年（明治元年・１８６８年）三月中旬での軍備は蒸汽艦は宮城丸・黒竜丸など五艦を備えていたが大砲の他には旧式銃と弓・槍の混合部隊が主流で、これに兵員の補助をする多数の従卒が付く旧来型であった。横浜にいたアメリカ人商人のヴァン・リードに発注していたライフル銃が五百挺余り届いたが武備は遅れていて四月になって新潟にいたスネルからミニエー銃など二千九百挺を購入しスナイドル銃を装備した星恂太郎《じゅんたろう》を隊長とする「額兵隊《がくへいたい》」も結成された。翌閏《うるう》四月には弓・槍隊を廃止し町民から徴募を行って銃隊に編成した。

概《おおむ》ね最前線で戦う下級の兵には火縄銃等の旧式銃を持たせ、後方で指揮をする将兵はライフル銃を持っていて、前線の兵士の士気はこうした不満が原因となって高くはなかった。

米沢藩（十九万石）は以前から銃隊を主要としていて慶応三年（１８６７年）末にミニエー銃・ゲベール銃二千五百挺に加えて慶応四年四月にミニエー銃千挺、スナイドル銃五百挺を購入し、士分の兵にはスナイドル銃やミニエー銃を、足軽兵にはゲベール銃（前装式ノンライフル）を持たせ特にスナイドル銃を所持した少数精鋭の部隊は他藩からも頼りにされた。

二月二十六日仙台藩の安田竹之助と玉虫左太夫《たまむしさだゆう》が米沢藩を訪れて色部久長《いろべひさなが》ら藩の要人と会合し会津救済を決定した。西軍との対決は回避したい米沢藩であったが、会津救済を決定するのには理由があった。三代藩主上杉綱勝《つなかつ》が継子《けいし》ができないままで急死してしまい藩が取り潰《つぶ》しになるところを会津藩主で幕府副将軍の地位にあった保科正之《ほしなまさゆき》が周旋《しゅうせん》して存続することを許された。その後も米沢藩が飢饉《ききん》で苦難していた時に会津藩の社倉米《しゃそうまい》を貸与されて危機を乗り切ることができたので会津藩を見捨てる訳にはいかなかった(『会津武士道』中村彰彦参考)。藩主や他の上層部は和平派が中心で戦闘については藩境防衛を主として、相手が領地に侵入しない限りは極力避けるという方針であった。

しかしその一方で中下層の藩士には抗戦派が多く、そのまとめ役は甘糟継成《あまかすつぎしげ》で、当初は上層部の統制が効いていたが、後に抗戦派が勢いを持つようになった。

白河城は会津侵攻の拠点となる予定であったが、会津側による占拠によってその計画は一蹴《いっしゅう》された。二十五日、世良が斬首される前に白河来援の要請を受けていた伊地知正治《いじちまさはる》が指揮する薩長の混合部隊数百名が押し寄せたが手前の白坂《しらさか》で警戒していた新撰組・遊撃隊・純義隊・仙台兵・会津兵が迎え撃って伊地知の部隊は戦死十六名と負傷者五十一名を出して那須方面に敗走した。長い行軍で疲弊し補給線も延びて弾薬不足になっていたことが原因であった。この日仙台兵は新潟港から調達してきたばかりのスナイドル銃を手にしていたので、伊地知らを再起不能にする絶好機であったが深追いはしなかった。

二十六日、白河口の総督として西郷頼母《たのも》、副総督として横山主税《ちから》が白河城に入り、守備をする兵も仙台・二本松・棚倉などからの応援が集まり二千五百名になった。

頼母は会津藩の筆頭家老の家柄であったが自藩の守護職就任に反対して解任されていた。鳥羽・伏見戦の後に復職し、西軍側が会津に対して三家老の切腹を求めたのに反発して白河口の総督となった。戦闘現場を経験して来た藩士や新撰組隊士らの意見を聞かず、身分を元にして事を決める傾向が強かった。ライフル銃の導入を建言した山本覚馬《かくま》を禁足処分にさせ、八・一八当時に薩摩藩と意志疎通の経路を築こうとした秋月悌次郎《あきづきていじろう》を身分が下級であることを理由に左遷させるなど自己保身の為に筆頭老中の権力を使った。

副総督となった横山は慶応三年一月からパリ万国博覧会の随員として会津藩を代表してフランス・イギリス・プロシア・オランダ・ロシアを視察して同年十二月に帰国したが、すぐに戦乱となり二十二歳で副総督に就任し戦闘経験は無かったが藩の期待は大きかった。赤と黒の九《く》曜紋《ようもん》の入った陣羽織を着込んで入城していた。

二十五日に敗走した伊地知《いじち》の部隊はミニエー銃からスナイドル銃に替えて弾薬も十分に補給し七百名の精鋭で城の南方数キロの白坂宿に集結していた。新撰組の斉藤一《はじめ》は宇都宮城戦で足を負傷した土方歳三《ひじかたとしぞう》に代わって隊員百三十名を率いて白河城に入っていて、西郷頼母に白坂宿への進撃を建言したが聞き入れられなかった。

五月一日、伊地知軍は白河城を目指して未明に三方向から進軍した。本隊は奥州街道を稲荷山方向に進み白兵戦となったが、その混乱の中で雷神山と立石山を占拠した。稲荷山に兵を励ます為に駆け付けた横山主税《ちから》は坂道を登る途中で待ち構えていた狙撃手の銃弾を受けて即死した。

　三拠点を制圧した伊地知の軍は山上から砲撃しながら城下に侵攻し大激戦の末に城を占領した。奥羽側はこの日の戦闘で横山の他に世良修蔵の処刑に関わった仙台藩士の姉歯武之進が銃撃を受けて死亡するなど六百八十余名の戦死者を出して大打撃となったが、伊地知隊の戦死は十二名であった。アーネスト・サトウは慶応元年に「将軍の軍隊は……まだ武器の劣等さを暴露してはいなかった」（サトウの前著）と書いているが、「暴露」する時がやって来たのがこの日だった。稲荷山に向かった中央隊は実は左右両隊に時間差を付けた囮《おとり》の隊であったが頼母はこれを見抜くことができず、ここに兵を集中させて気付いた時には包囲されていたというのが実態であった。この敗北の責任を取って会津藩家老で軍事奉行の海老名季久《えびなとしひさ》が切腹した。戦闘での火力の違いは然《さ》る事ながら作戦能力と水先案内人

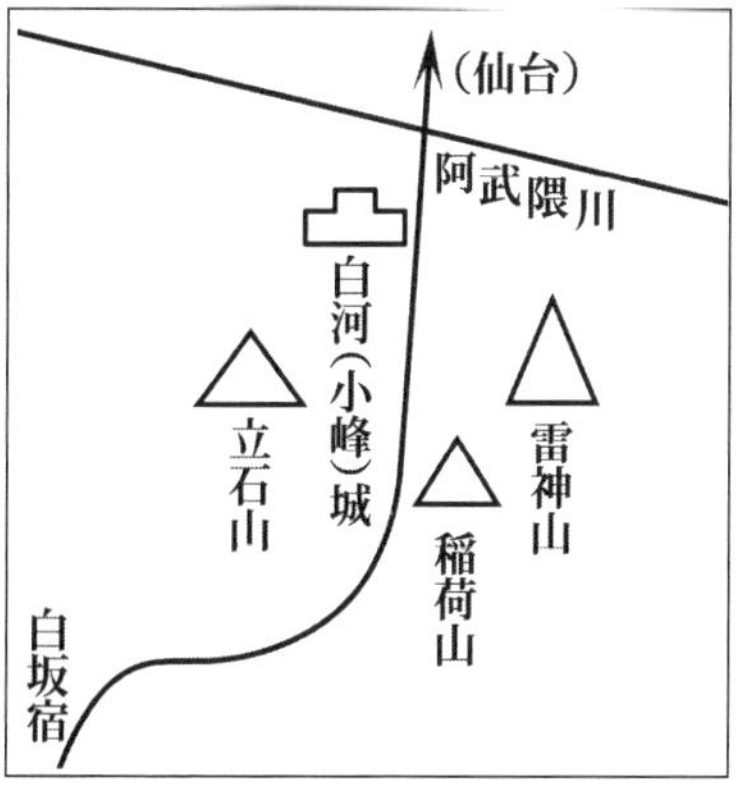

の役割も大きかった。土地勘の無い伊地知軍の案内役をしたのは白坂村の農夫で、その後は羽振りをきかせた日々を送っていたが三年過ぎた頃になって元会津藩士だった若い男によって斬殺された。

二日、白河南方の大田原《おおたわら》が伝習隊と会津藩兵の一千名によって襲撃され百名程いた大田原藩兵は城に火を付けて城外に逃れ宿場街も焼失した。白河城を占拠した伊地知軍の補給路を遮断して孤立化させる為の攻撃だった。

旧幕勢力の衝鋒隊《しょうほうたい》は越後方面に進出して西軍に傾いている新発田《しばた》・与板《よいた》藩から軍資金や兵糧を供出させていた。桑名藩主松平定敬《さだあき》（二十三歳）は江戸を出た後に自藩の飛び領地となっていた柏崎《かしわざき》陣屋で謹慎の姿勢を見せていたが、閏《うるう》四月になると抗戦の決意を固めた。周囲には恭順派も多くいてその代表は吉村権左衛門《ごんざえもん》であったが同月三日の夜に何者かによって殺害されていた。会津入りしていた桑名の立見鑑三郎《たつみかんざぶろう》の隊がこれに合流して「雷神隊《らいじんたい》」を結成した。二十七日、薩摩・長州・加賀の西軍と衝鋒隊・雷神隊・水戸諸生党・会津の東軍が鯨波《くじらなみ》で戦闘となり西軍を撃退して越後方面での戦端が開かれた。

長岡藩（七万四千石）家老の河井継之助《かわいつぎのすけ》は鳥羽・伏見戦を見た後に江戸にいた藩主を国元に送り邸内にあった家宝を売却し資金を増やしてスネル兄弟からアームストロング砲・ガトリン

グ砲・ミニエー銃を買い入れ軍制改革を行って全藩銃隊とした。河井の戦略は「武備中立」で自藩の独立性を貫くことであった。

五月二日、小千谷《おぢや》の慈眼寺《じげんじ》で会津侵攻を求める西軍の軍監岩村精一郎（土佐）と会談し長岡領内への侵入と会津討伐戦要請を拒絶した。

その翌日、奥羽二十五藩に越後《えちご》六藩が加盟する奥羽越《おううえつ》列藩同盟が成立した。内容は㈠仙台と二本松は会津と協力して白河より先に薩長軍を侵入させない㈡庄内方面の薩長軍は米沢藩が放逐する㈢北越方面は長岡・庄内・米沢藩が受け持つ㈣新潟港は共同管理とする㈤奥羽を平定し関東に到り江戸を押さえる㈥諸外国に喚起《かんき》を促す、等で「同舟海を渡るごとく信をもって居し、義をもって動くべき事」とされた。軍事同盟的性格が主であるが、関東全域をも視野に入れて薩長勢力を排除する方針が出された。

前天皇の義弟で睦仁《むつひと》の叔父にあたる輪王寺宮《りんのうじのみや》は薩長を睦仁を政治利用する「君側《くんそく》の奸《かん》」として激しく非難していた。同盟は白石城に公議府を置き輪王寺宮を盟主として迎え、総督には伊達慶邦（仙台）・上杉斉憲《なりのり》（米沢）、参謀に小笠原長行《ながみち》（旧幕老中）・板倉勝静《かつきよ》（旧幕老中首座）を任命し列藩会議を最高機関として設置して北方政権樹立の萌芽を形成した。なお、会津藩と庄内藩は個別に「会庄同盟」が結ばれているため、この同盟には加入していない。

西軍側にはイギリスの支援があることを考慮してプロシアとアメリカを積極的にとり組もうとした。これらの海外の政府関係者は局外中立を理由に関係を抑制したが、日本にもう一つの政府ができたと認識されており、アメリカの公使は「日本に二人の帝《みかど》がいる」と本国に伝えている。会津藩はプロシアの武器商人ヘンリー・スネルを城下に匿《かくま》っていたが、この他にも同国の駐日公使ブラントを通じて、蝦夷地《えぞち》に所領する網走・紋別一帯を、庄内藩も留萌《るもい》・天塩《てしお》一帯を農地として租借《そしゃく》させることを条件に支援を引き出そうとしていた。これ程に国際的支援国と近代的兵器を獲得することは奥羽側にとって急務であった。

また盟主として輪王寺宮を置いた様に、列藩同盟は「尊王」であり、薩長が幼帝を人質にして政治利用しているのを非難し、この邪悪な者たちを取り除く、としている。同盟に加盟した藩の中には西軍に傾いているものやどちらともいえない日和見《ひよりみ》藩も入っているが、これは西軍も同じで、この問題を淘汰《とうた》する手段は相手よりも強力な軍事力であった。概《おおむ》ねこういった日和見藩は強い方に靡《なび》く性質がある。同盟に名を連ねながら日が退っても兵員を出さないばかりか、当初から西軍側に秘密裡に兵を出している藩、あるいは西軍加盟の藩の飛び地にあって宗家《そうけ》に従いながらも不利にならぬ様に同盟に加盟しなければならない藩もあった。これらの藩が銃口をどちらに向けて撃つかは戦況を眺めてからの判断であった。

伊地知隊による白河占拠戦以後は後装式ライフル銃が脅威となった。後装銃は高価でまだ希少なものであったが西軍諸藩は国内最大の武器輸入港であった横浜でこれらを買い揃えて奥羽に運んだ。

土地勘の無い西軍兵は夜が明ける前に身支度をして夕刻頃までには行動を終了して寝床をつくるのが基本行動で、夜になって軍事行動を自ら行うことは余り無かった。

その反対に東軍が夕刻から攻撃を始めた時や夜襲をかけた時は善戦することが多かった。銃の劣性を暗闇が補っていたのである。この暗闇を得意とする部隊もできた。白河の占領を契機に、仙台藩士で情報収集役をしていた細谷十太夫《ほそやじゅうだゆう》は白河より少し北方の須賀川《すかがわ》で知り合いの博徒《ばくと》らを集めて「衝撃隊」を旗揚げした。黒ずくめの軍装で「からす組」などと呼ばれて、隊員は多い時で百名程であったが暗闇の中の速攻戦で善戦した。

「十六ささげ隊」は十六名から成る白河の隣の棚倉藩の遊撃隊で、弓や槍を得意とした。隊長は阿部内膳《ないぜん》であったが五月一日の戦闘で戦死し、その後も隊員達が夜襲を繰り返した。

西軍は北上するに従い兵站《へいたん》が伸びて、弾薬や食糧を運ぶための輸送手段の確保が困難になった。名主に軍夫の差し出しを要求しても集まらず脅しと旨い話しを織り交ぜて直接招集をしなければならなかった。

西軍の軍資金を支えたのは鳥羽・伏見戦の様子を見て支援に動いた三井・小野らの豪商で、その他にも金札を発行して加島屋などで現金に交換させた。北上が更に続くと通り沿いの庄屋や商人らからも徴用を行う様になった。

伊地知《いじち》軍が白河城を占領している間は兵站《へいたん》は国境に近い黒羽《くろばね》藩が行っていた。その間東軍は五月六日から二十八日まで五度に亘って城の奪回を狙って攻撃を繰り返したが何れも敗退した。二十九日に板垣退助が指揮する土佐と薩摩の混合部隊が増援で白河に入り、さらに太平洋側では十六日に汽船を使って平潟《ひらがた》（茨城北部）に九百名が上陸した。

東軍はこれを包囲しようとしたが仙台の部隊が反撃されて敗走し、二十日になってさらに六百名が上陸した。上陸部隊は仙台を目指す隊と二本松を経由して会津に向かう隊に二分した。これに対応する為仙台藩は汽船を使って平《たいら》に増援を送り、上陸拠点の平潟を砲撃した。また米沢藩・中村（相馬《そうま》）藩もこの地域に増援を出した。

西軍は平潟と白河の中間にある棚倉《たなぐら》を制圧するため六月二十四日、板垣の指揮する八百名が出発した。西郷頼母《たのも》は城奪回の好機とみて救援を送らず、棚倉城はその日のうちに落城し白河城の奪回戦も残っていた八百名の西軍に撃退された。

七月一日に東軍主力による攻撃が行われたがこれも敗退し、頼母は棚倉落城の責任を問われて総督を解任され、会津に戻って容保の切腹による降伏を主張し、藩士らの怒りを買って身の危険を感じ鶴ヶ城を出て越後方面に向かった。

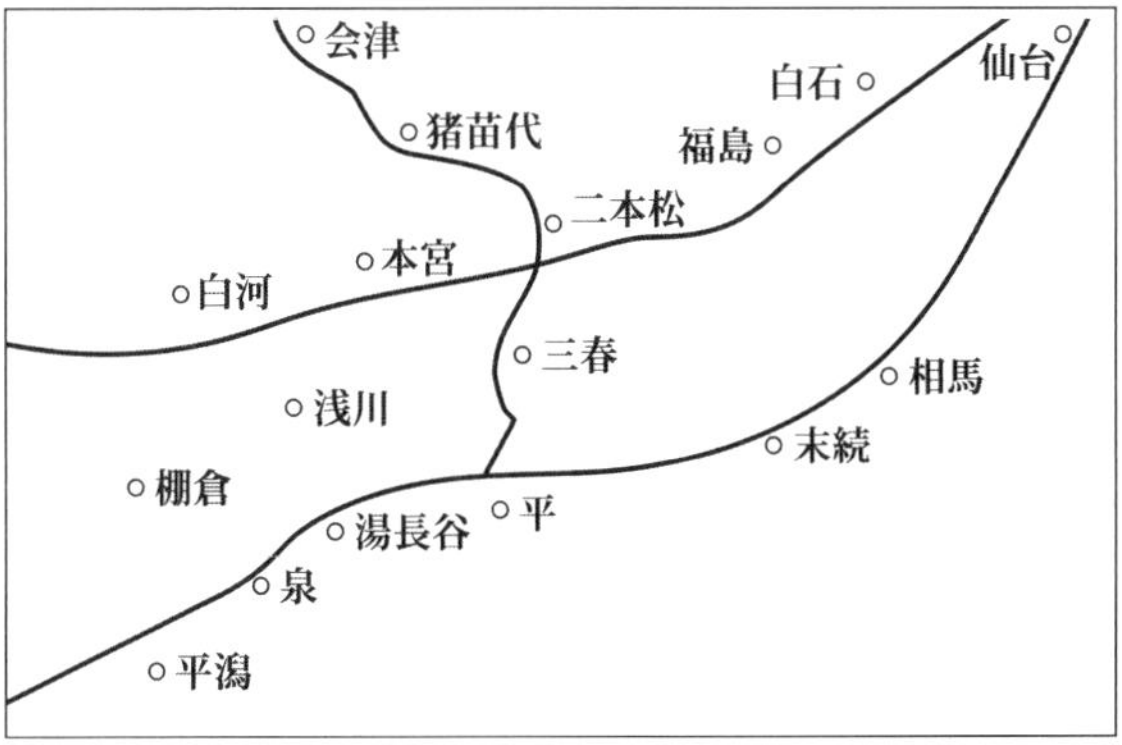

盤城平《いわきたいら》藩（三万石）は公武合体派の安藤信正《のぶまさ》の所領地であったが信正は水戸浪士による坂下門外の変で負傷した後に隠居《いんきょ》となっていた。しかし藩主である信勇《のぶたけ》が恭順の意向を示したため代わりに藩政を執って抗戦する事を決めた。六月二十八日、泉陣屋と湯長谷陣屋の救援に向かった仙台兵が待ち伏せ攻撃を受けて多数の死傷者を出し二つの陣屋は占領された。

盤城平《いわきたいら》は戦略上の重要拠点で、平・中村（相馬《そうま》）・米沢・仙台等が守備についていたが、その中でも平・中村藩兵の士気は頗《すこぶ》る高かった。岡山と佐土原《さどわら》の六百名が平まで押し寄せると反撃してこれを撃退した。しかし増援で上がった仙台藩の海上部隊は薩摩兵の監視下に置かれ銃撃を受けて数十名が戦死し壊滅した。

七月一日に薩摩兵による攻撃が行われたが、米沢兵のスナイドル銃を使った反撃で撃退した。それでも西軍は続々と兵を上陸させ十三日の早朝三千名で平城を包囲した。この日は米沢兵がおらず仙台隊が信正《のぶまさ》を護衛して城外に出て、その後は平と中村の兵が抗戦していたが、弾薬もわずかとなり城に火を付けて外へ出た。これまでの戦闘で平《たいら》兵は全藩兵二百名の内五十八名が戦死し、東軍全体では九十名が戦死、西軍も十六名が戦死した。戦死者の数の格差は火縄銃とライフル銃の射程の差によるところが大きかった。

白河では東軍による七度目の奪還戦が七月十四日と十五日にかけて行われたが、仙台と会津で四十四名の戦死者を出し撃退された。この頃になると西軍兵が北側の後方に展開する様になり東軍は白河戦からの撤収を決断した。三ヶ月に及ぶ白河戦で東軍は七百名、西軍は四十名の戦死者を出した。

平が敗れて次の戦場となるのを危惧した三春《みはる》藩（五万石）は、藩の郷士広野広中《こうのひろなか》が棚倉にいた板垣に恭順を示し自らも土佐精鋭の「断金隊《だんきんたい》」に入隊した。

同盟軍は七月十七日の浅川《あさかわ》の戦いで棚倉城の奪還を試みた。優勢だったがここに西軍の援軍が入り撤退するところで三春藩が背後から他の同盟軍に対して銃撃を行った。同盟軍はこの日十六名が戦死し多数の負傷者を出した。三春は翌日に仙台と会津に救援を要請する使者を出し、会津は兵を送ったが、この要請は自藩が西軍と戦う意志があるということを同盟側に見せるための懲罰逃れのための偽装であった。二十六日の西軍の三春入城では藩主以下が城門に出て手厚く迎い入れた。その後三春は二本松への先導役を担う。

二本松藩（十万石）は藩主丹羽《にわ》長国《ながくに》の下で安政期から江戸湾の警固に付き、大砲隊五十名の他兵員三百名を派遣して一年ごとに交替を行った。文久二年（１８６２年）と元治元年（１８６４年）に京都警備で一千名を派遣し、「天狗党」が挙兵すると鎮圧の兵を茨城周辺に三ヶ月に亘って出兵させた。幕府の要請に積極的に応じてきたため経費がかさみ藩の財政は苦しかったが安政二年（１８５５年）十一月から従来からの火縄銃にゲベール銃・ミニエー銃を補充した。

海路上陸の山道隊が二本松に近付いていた頃に藩の主力千五百名は白河方面に残留していて領内に残っていたのは二百三十名程であったが、西軍は主力不在のこの時を侵攻の絶好機と捉えていた。

藩庁が兵力の不足を補う為に十二歳まで出陣の許可を下げたため砲術師範の木村銃太郎の門下生（十三〜十四歳）十六名をはじめとする少年志願兵六十二名も出陣することになった。親や兄弟が出征していて刀が家に無かったため母親たちが親戚に行って借りたり貰ったりしたも

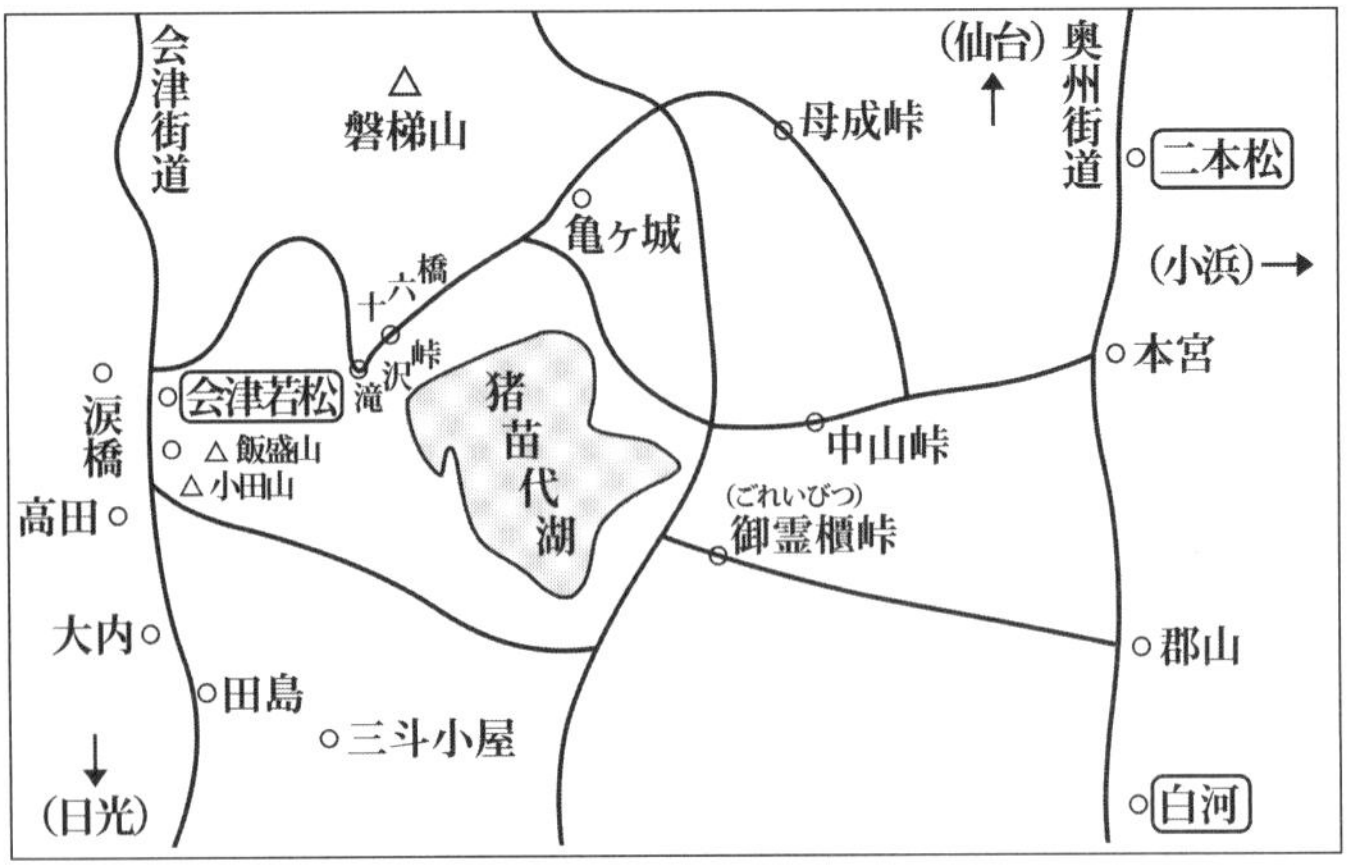

のを子に持たせた家もあり、老人らからは振り廻さずに突くのだ、という事が教えられた。

藩主長国は病弱の為、強引に駕籠《かご》に乗せて米沢へ避難させた。急報によって戻ってきた自藩の隊や少年兵・農兵・会津と仙台の応援の兵を入れて二十八日には一千名近くの兵が守備についた。

二十九日早朝、西軍は二方面から同時侵攻する様に動き出した。白河と棚倉を転戦してきた板垣隊千五百名は本宮《もとみや》を出て北進、薩摩・長州・備前の二千三百名は阿武《あぶ》隈《くま》川を渡り、それぞれ城下をめざした。板垣隊が途中で高台から一斉《いっせい》射撃を受けて崩れたが、後続の隊がこれを包囲して敗退させた。しかしこれによって同時刻での侵攻は不可能になった。午前六時半頃、川を渡った西軍の先鋒六百五十名が城下に押し寄せた。少年隊の隊長木村銃太郎が砲弾を発射して隊列を崩し戦闘が始まったが銃太郎は銃撃された後に介錯を受けて絶命した。他の隊員たちも負傷し散々になったが、成田才《さい》次郎《じろう》（十四歳）は馬上で指揮を執る長州の奇兵隊隊長白井小四郎《しらいこしろう》に刀を持って突進して仕留めた後に銃弾に倒れた。

城の内外で火の手が上がる中で、家老の丹羽一学《にわいちがく》の他三名が自刃したが、大城代の内藤四郎兵衛は自刃を禁止して数十名で槍・刀を手にして西軍の一団へ突進し奥羽戦争の中で最も壮絶な戦いとなった。霞《かすみ》ヶ城はついに落城となりこの日の戦闘で少年兵十八名を含む二百二十四名の二本松兵が戦死しこの他にも応援で来ていた仙台と会津の兵六十一名が戦死した。西軍は十九名が戦死、負傷者が多数出た。

白河戦から戻った主席家老丹羽丹波《にわたんば》は霞《かすみ》ヶ城を奪還するため仙台・米沢・会津の他上山《かみのやま》・山形・棚倉等の援軍を得て八月十七日に進軍したが途中の油井《ゆい》村で迎撃されて二十名が戦死した。

新発田《しばた》藩（六万石）は鳥羽・伏見戦の後に西軍に計四百名を差し出した。衝鋒隊や水戸諸生党がこれについて糾問に行くと金穀を差し出してその場を凌《しの》いだ。その後同盟に名を連ねたが藩士らは裏工作をして出兵阻止の一揆を起こしてこれを回避していた。

六月九日、同盟軍は新発田城を包囲して出兵か開城か迫ると十日後に兵を出して戦死四名を出しながらも西軍を撃退した。しかしその後の七月二十五日、黒田清隆《きよたか》（薩摩）が指揮する一千名の西軍が自領の太夫浜《たゆうはま》に上陸するとこれを先導して同盟軍の唯一の軍事物資の輸入港であった新潟港の陥落に大きな役割を果たした。新潟港防衛の総督として指揮をしていた米沢藩の色部《いろべ》久長《ひさなが》は、二十九日に港の近隣の市街一帯が焼けたのを見て自藩の兵と仙台・会津・庄内藩に撤退の命令を出した。色部は撤退の途中で西軍兵に遭遇し斬り込みを図《はか》ったが、銃弾を受けた後自刃した。

新潟港の制圧を西軍に提言したのはイギリスであった。奥羽勢力が抵抗力を維持している原因は新潟港での武器の補給にあるとして、六月中旬と下旬の二度に亘ってサトウが小松帯刀・中井弘蔵《こうぞう》・井上石見《いわみ》ら薩摩首脳に港の軍事力を使っての制圧の必要性を説いた。六月二十二日に関してのサトウの前著では、それが故意に和《なご》やかな雰囲気の中で、西軍に直接ではなく薩摩を通して意思の疎通が行われていることが判る。当日、井上石見と小松を伴って江戸の料亭に入ったサトウは「両名と飲んだが、私が新潟港の閉鎖を提言したところ、二人とも賛成した」と記している。

下手渡《しもてど》藩（一万石）は仙台領に近い所に陣屋を構えていたが、本家は西軍所属の柳川藩（三池藩）であったため戦火が近づくと藩主は柳川に向かい、そのかわりに家老の屋山継篤《おくやまつぐあつ》が藩政を執り同盟書に署名した。藩兵の動員はしなかったため西軍が仙台領に切迫すると陣屋は仙台藩兵によって焼き払われたがその後に西軍兵とともにやって来た柳川藩兵に合流して仙台軍を相手に戦った。長岡領に隣接する与板《よいた》藩（二万石）も本家の彦根藩（井伊家）が西軍に恭順していたので同盟には名を連ねず孤立していた。ここに衝鋒隊がやって来て一万両を要求されると無けなしの七千両を支払った。やがて領地へ西軍がやって来るとこれに合流して五月二十八日に同盟軍と交戦し西軍は三倍の数だったが奥羽側の勢いが強く、已むを得ず与板城に火を付けて撤退した。

平潟から海道沿いを通って仙台を目指す広島兵が七月二十二日に末続《すえつぎ》村までやって来るとその日の夜半に中村（相《そう》馬《ま》）藩兵が襲撃して敗退させた。中村藩（六万石）は鎌倉時代から七百四十年に亘ってこの地に君臨してきた。広島兵は鳥取兵と共に再侵攻し浅見川を挟んで同盟軍と二十三日の夕方から戦闘になり朝に一旦退いた。二十六日の早朝に進軍の準備中の西軍に同盟軍が奇襲をかけ双方十名以上の戦死者を出して退却した。二十七日から西軍の別働隊が二本松へと侵攻を始め、仙台と陸軍隊がこの援護のために

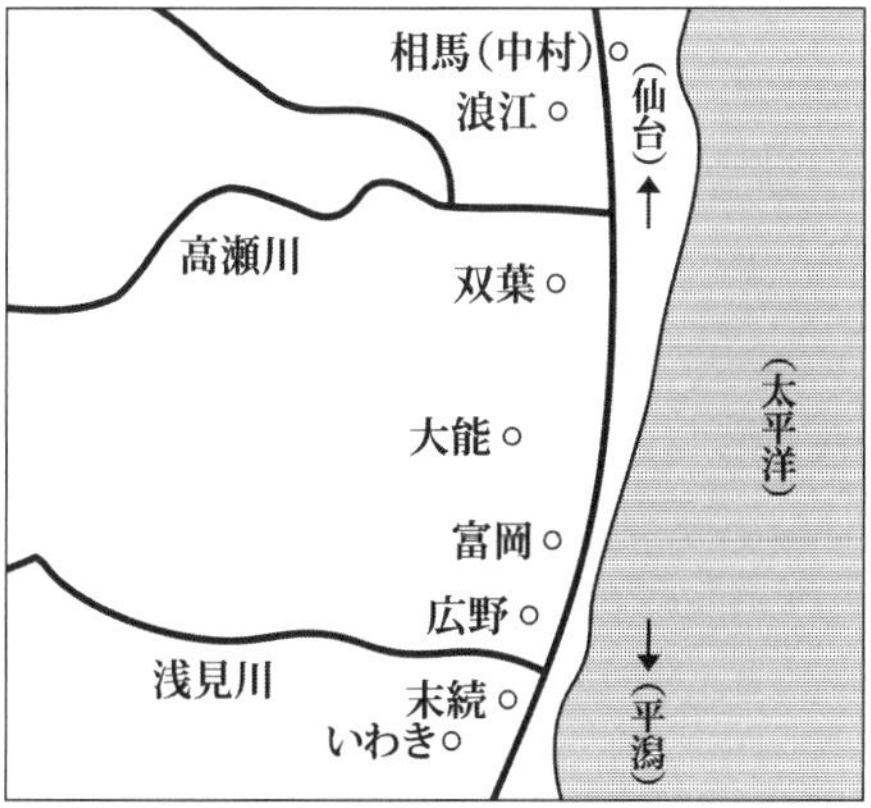

移動するとここに残るのは中村藩兵のみとなった。二十九日午後、福岡と津の西軍兵が高瀬川に橋を築いて渡ったところで中村兵が待ち伏せていた。橋を戻って大混乱になったところへ中村藩の抜刀隊が襲いかかり戦死十五名・負傷五十名、中村兵も死者八名・負傷七名を出した。八月一日、西軍が上流と下流に分かれて川を渡り中村藩の陣地を包囲すると藩兵はここから撤退した。中村藩は浜通り地域での一連の抗戦で八十八名の戦死者を出して降伏したが、その後仙台藩が拠点とした旗巻峠《はたまきとうげ》の戦闘で西軍の矢面《やおもて》に立たされて五十九名の戦死者を出した。

上山藩《かみのやま》（三万石）は米沢藩と山形藩に挟まれた小藩であったが、軍楽隊《ぐんがくたい》を持つ程に軍の洋式化が進んでいた為に幕府から重用されて庄内藩と共に江戸市中の警備を命じられて薩摩藩邸包囲戦には藩主松平信庸《のぶつね》が藩兵を率いて参加していた。同盟に加入し庄内藩と行動を共にして西軍側に寝返った秋田城を包囲し、長岡戦と白河戦にも派兵し合計で十二名が戦死した。

秋田領と庄内領の境にあった亀田藩《かめだ》（二万石）は同盟に調印したものの、後に脱退し西軍の一員として庄内藩と対峙することになった。ここへ長州の軍監山本登雲助《とものすけ》らが来て威圧的に亀田兵をあしらった。将兵を殴り戦傷者を多数出させ陣屋を焼失させろと命じた。これに反発した藩兵は庄内藩へ降伏したあと共に戦うと申し出て盟友として受け入れられてそれ以後は行動を共にした。

南部盛岡藩（十万石）は鎌倉時代から領地を治め幕府から箱館警備を命じられていた文化四年（１８０７年）の四月から五月にかけてロシア側からの襲撃に対して応戦し撃退した（文化《ぶんか》露寇《ろこう》）。西南諸藩は海外からの侵略行為に鋭敏になっていたと言われるが、南部藩は戦闘行為を早くから行っていたのである。文化四年から安政二年（１８５６年）の間には会津・仙台・弘前・秋田・津軽と南部藩が対ロシアで蝦夷《えぞ》に出兵しており軍事的対外意識は高かった。大砲鋳造の需要が高まる中釜石では十基の高炉建設に成功し近代化への一歩を踏み出したところで、その様な中で藩内では東西どちらに付くかで議論が続いていたが主席家老楢山佐渡《ならやまさど》が京都で情況を見てきて西軍への不信を訴え同盟への加盟が決まった。秋田藩（二十万石）が七月四日に同盟離脱を決定すると南部藩は八月九日に宣戦布告し秋田支藩の十二所《じゅうにしょ》（大館《おおだて》）を攻撃した。十一日に南方の扇田《おうぎだ》村に陣を取り、そこで大館兵の命を受けた村の住民に酒を振舞われた。深夜になって大館兵が酔った南部兵を攻撃し死傷者が出て翌日に村から撤退した。二十日になって楢山《ならやま》の率いる部隊が扇田村を侵攻して村の大部分の家屋を焼失させた。二日後に大館城を攻撃すると、城代の佐竹義遵《よししげ》は城に火を付けて撤退し南部兵が占領した。城下も焼失したが扇田《おうぎだ》と大館の住民の諸役を呼んで三年間の年貢を免除すると告げた。

秋田藩は同盟に調印したが長州・薩摩・佐賀の藩兵に護衛された九条道孝《みちたか》一行が会庄攻撃命

令に従う大名を得られず同盟側に追われるようにして秋田領に入り込むと、吉川忠安《きっかわただやす》ら親長州の「正義派」が藩論を握り西軍支援を七月四日に決定した。これによって秋田は危機的状況に陥っていた西軍総督府に手を差し伸べて拠点化することになった。仙台藩からの使節として領地に入っていた十一名を大山網良《つなよし》（薩摩）の命令に従って捕らえて斬殺し、同盟との戦端を開いた。戊辰戦争中最強の火力を持った庄内軍は会津との同盟に基づいて白河を目指してライフル部隊九百名の一番大隊が進軍していたが舟形《ふながた》（山形県最上）に着いたところで秋田が敵方に寝返ったという急報が入り十一日に秋田へ向けて急転回した。これによって白河を占領していた西軍にとっての最大の脅威が消失した。十三日に小国川《おぐに》を挟んで砲撃戦となり別働隊が背後から襲撃して敗走させた。十四日になって秋田と共に寝返って西軍の案内役をしていた新庄藩《しんじょう》領に入り、藩主戸沢正実《とざわまさざね》と城兵が逃げ去った後の新庄城を占領すると、八月一日に院内、十五日までに湯沢・横手《よこて》・大仙・大曲《おおまがり》と秋田領の多くを占領した。この間秋田軍は購入したばかりの艦船にロシア国旗を掲げて庄内領を砲撃し牽制した。

この頃大村益次郎（長州）は江戸にいて西軍の総司令官役になっていたが、奇兵隊の本隊が越後で苦戦していて会津にすぐに行けないので進軍の予定を変更し二本松を制圧した兵を仙台へ向かわせようとした。虎の子の奇兵隊本隊で会津を落城させる事を大村は計画していたが伊

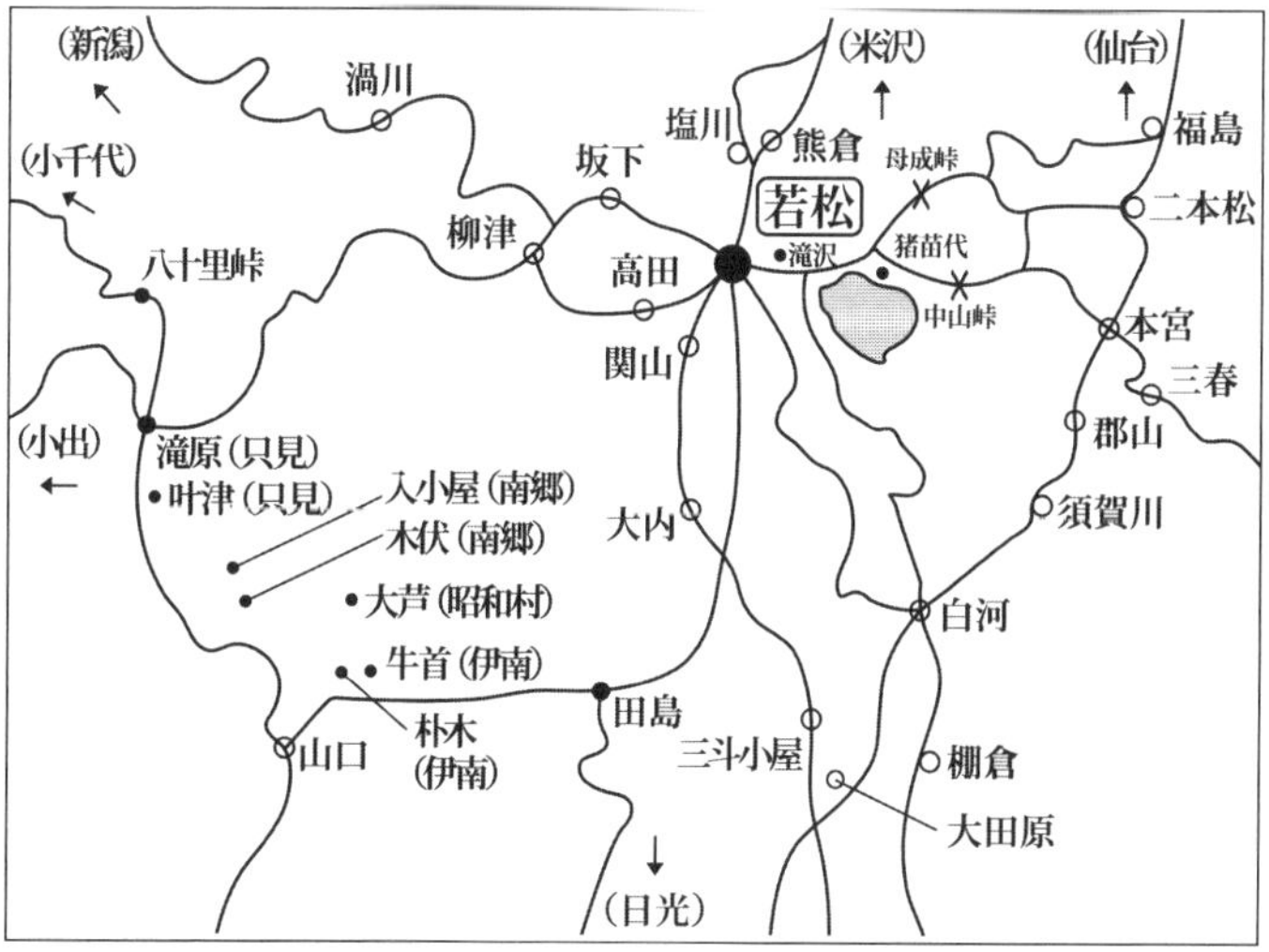

地知正治《まさはる》（薩摩）と板垣退助（土佐）は会津先攻を現場判断で決めた。装着している服は呉絽服《ごろふく》の上下に足袋《たび》とわらじ履きで寒さには耐えられなかった。当時の八月二十日は現在の十月五日で、朝晩には冷たい秋風が吹き始めていて、降雪の時期に入るのを恐れての判断だった。

二十一日、会津側が防衛の拠点を置いて厳重に警戒している中山峠方向へ杉山素輔《もとすけ》（長州）の率いる八百名の部隊を陽動隊として出発させてから薩摩・長州・土佐・佐土原・大垣・大村の本隊が母成峠《ぼなり》の方向に進軍を始めた。

杉山隊は中山峠手前で本隊のいる母成峠方向に進んで合流し、総数は三千名となった。母成峠で会津・仙台・二本松・伝習隊と土方歳三ら新撰組の計八百名が砲台を築いて待ち構えていたところ、濃霧の中で戦闘が始まった。五門の大砲で奮戦するが、西軍が地元の猟師を案内役にして背後にも廻って二十門の砲で攻撃したため夕方になってこの重要防衛線が突破された。さらにここから猪苗代《いなわしろ》方向に雪崩れ込んだため支城となっていた亀ヶ城（猪苗代城）の城代の高橋権大夫《ごんだゆう》は城と保科正之《ほしなまさゆき》が祀《まつ》られている土津《はにつ》神社に火を付けて会津へ撤退した。

二十二日、城下へ向かう最後の関門となる滝沢手前にある十六橋《じゅうろっきょう》では家老の佐川官兵衛と石工職人らが豪雨の中で橋を破壊する作業にとりかかっていたが薩摩精鋭の川村純義《すみよし》隊が急襲して来て銃撃を始めたので撤退した。しばらくして板を集めて来て橋を修復し夜に滝沢方面に進んだが、佐川隊がここに阻止線を張って侵攻を押さえた。

（二十三）〈会津急襲作戦失敗〉

城下の藩士の家庭では木製の織機を使って絹《きぬ》織物を織る作業が普段から行われていたが八月二十三日は早朝から地を裂く様な大砲の着弾音が近づいて午前十時近くになって滝沢の防衛線が破られて城下に敵兵が入り込んだことを知らせる鐘が打ち鳴らされた。住民は急いで郊外に

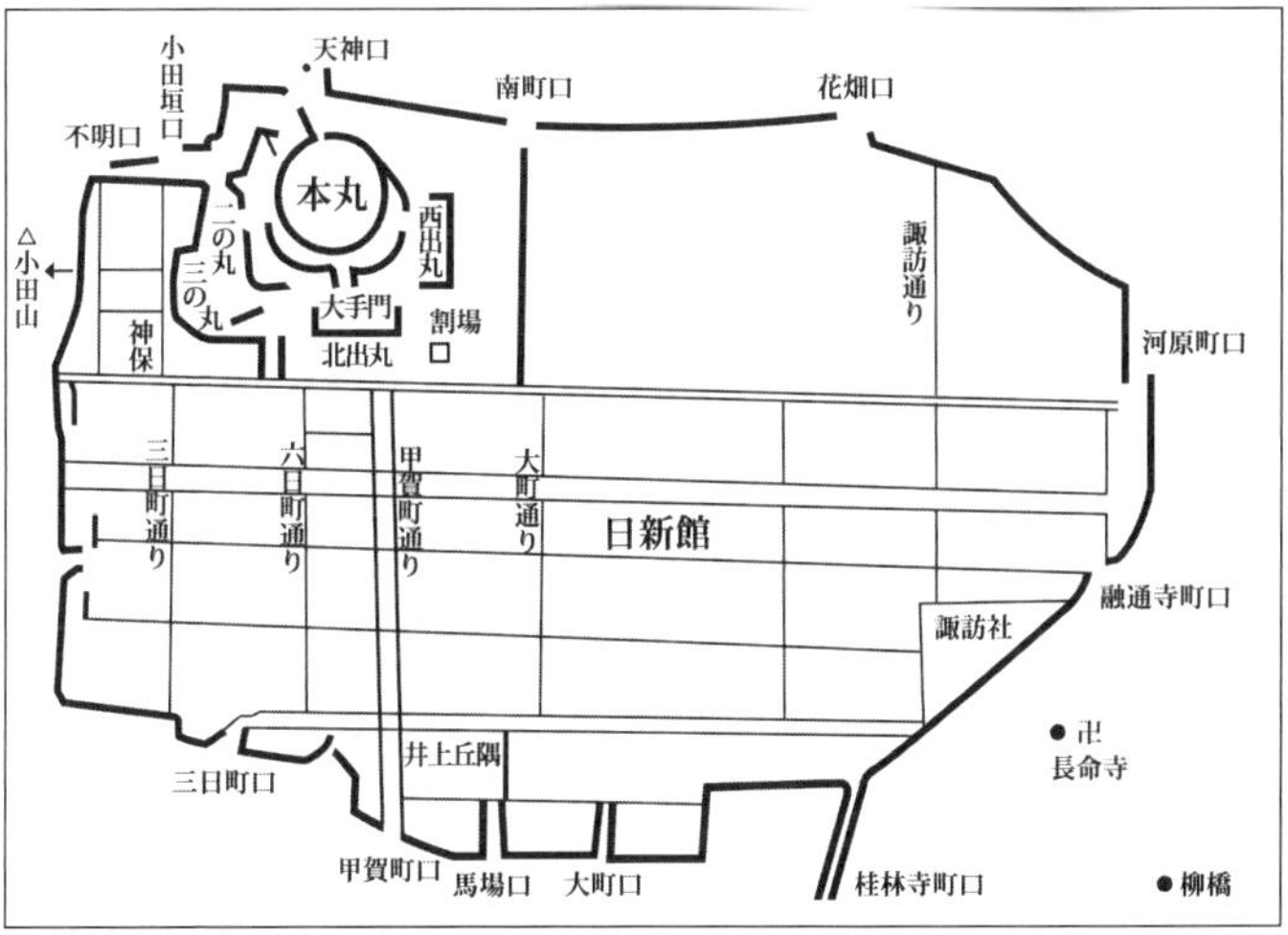

逃れ武家の屋敷に居た老人・婦人らは槍・刀・薙刀《なぎなた》などを抱えて城へ続々と入城した。この時に若松城（鶴ヶ城）にいたのは近臣と老兵の予備隊数十名と水戸の諸生党員二百名程で、主力は外に出ていて極めて不備な状態だった。

正門の大手門をめざして殺到して来たのは板垣が指揮する土佐兵と大垣兵で、北出丸《きたでまる》の前まで押し寄せたところで門が閉ざされて城内から銃眼を通して弾丸が撃ち込まれ多くの侵入兵が撃たれて命を落とした。ここで防戦していた中には駆け付け入城した婦女子らもいて、その中には砲術指南役の家で育った山本八重子《やえこ》（二十三歳）もいた。

暫《しばら》くして八重子の先導で四斤砲《よんきんほう》が設置されて砲撃を開始すると想定外の反撃を前にして遂に後退を余儀なくされた。

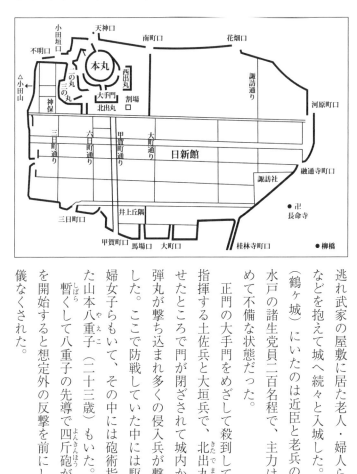

敵兵が城下に入り込んで来た時に家々に残っていた武家の幼老婦女子がとった行動は大約すると、武器を手にして入城する、山間へ逃れて家族の知らせを待つ、特に婦女子の場合は敵兵に性的な乱暴を受けない様に自刃する、の三通りに分かれた。「敵の手にかからむよりは勇ましく　死ぬる我が身の花とこそ知れ」（沼沢ゆや子二十七歳の辞世『会津鶴ヶ城の女たち』より引用）　多くの留守家族が城内へ入って戦うことを希望したが、兵糧や幼子を心配して断念したり、途中で城門が閉じられてしまった為に入れずに、山村に逃れ、中には途中で西軍兵に包囲されて家族一同が自刃する例もあった。西軍は「藩に縁故の者を泊むる時は一族誅す（殺す）」と村々に布告を出して家族の退避を手助けした者さえ許さなかった。豪雨の中を刀を腰に差して家族を連れて郊外に出たのはこの日だけで一万人に上り、道中では生き恥を曝《さら》すよりは一戦を交えるという覚悟だった。

西軍兵が城下に入る頃、西郷頼母《たのも》の家族・親戚の二歳から六十七歳の二十一名が集まっていた屋敷で自刃した。二女（二十三歳）の由布子《ゆふこ》の辞世の句は「武士《もののふ》の道と聞きしをたよりにて　思い立ちぬる　よみの旅かな」（『会津鶴ヶ城の女たち』阿達義雄より引用）であった。城下ではこの日に幼老婦女子二百三十三名が自刃して果てた。

山本八重子は弟の三郎が鳥羽の戦いで戦死し洋学を諸藩士に教授していた兄の覚馬《かくま》も京都で

捕えられて処刑された様だと人伝《づ》てに聞いていたので、敵《かたき》をとるため弟の着物を着て、覚馬のスペンサー銃を持って城に入り、旧式銃の射程外で身を露わにして指揮をとっている敵将を狙い撃ちにした。それ以後は昼は負傷者の看護をして暗くなると夜襲隊に加わり西軍兵を襲った。

同日の午後になって守りが手薄の西出丸の方にも西軍兵が押し寄せて城兵が苦戦しているところへ約十名の婦女子が薙刀《なぎなた》で斬り込んで敵兵を追い払いその後も数名で夜襲をかけた。土地に詳しい会津側にとって夜襲が効果的であることを女性らはよく知っていた。ある長州兵の記録には「夜間番兵をしている時、足袋《たび》を履き、薙刀をもって婦人が番兵を襲いに来た」とあり、他日のことになるが、会津関係者の話しとして、「操銃法を知る女子数名を集め、……敵営を襲撃し敵兵が敗走したので、遺棄品をおさめて帰城した」（『会津鶴ヶ城の女たち』）という証言もある。城兵は女子が外に戦闘に出向くのを止めに入るが、聞き入れなかったことを示す証言もある。「男達の方で、私達には出るな出るなと止めますので、充分な働《はたらき》は出来ませんでしたが、それでも私共も相当には薙刀で切ってやりました」（右の同書より依田菊子の言）。

西軍従軍医師ウィリアム・ウィリスはイギリス公使館の戦況調査の役も受けており上司に宛てて書いた報告書のほとんどはその性質上西軍の視点で書かれたものであったが、その中の一文に会津の娘子隊《じょうしたい》について述べている箇所がある。「包囲攻撃を受けた者の中の日本婦人の勇敢な精力的な働きについては、数々の物語が伝えられている。彼女たちは黒髪を切り落とし……幾度となく銃砲を肩にして歩哨の苦労を分担した」。会津での娘子隊の出現には驚きを隠せなかったようである。

中野竹子は二十三歳であったが幼少の頃から剣道を習っていて西軍兵が城下に来た時は女同士で固まって戦おうという話しをしていた。二十三日には母の孝子《こうこ》（四十四歳）、妹の優子（十六歳）と三人で髪を短かく切り袴《はかま》に刀を差し薙刀を持って城内で指揮する照姫の守護に付くため入城しようとしたが、門はすでに閉まっていた。混乱の中で他の数名と合流して坂下《ばんげ》の代官所にいた家老の萱野《かやの》権兵衛《ごんべえ》に女子の戦闘参加を認める様に要求した。拒むのであればここで皆自刃する、と決意を告げると勢いに押されて萱野が許可を出した。

昼過ぎになって南側の天神口に侵攻して来る部隊があり、集まっていた百名近くの槍を手にした老壮の一団が反撃に出て夜半に亘って白兵戦が続いた。

西軍は母成戦の後は「休まずに走れ」という命令が出ていて空腹のところへ大雨となり、従軍人夫が途中で農家から徴発した玄米を握り飯にして持って来たものを喰らいついて城下に入った。国元を出てから毎日二十キロ以上行軍して転戦を重ねてようやく最終目的地の会津入

（二十三）〈会津急襲作戦失敗〉

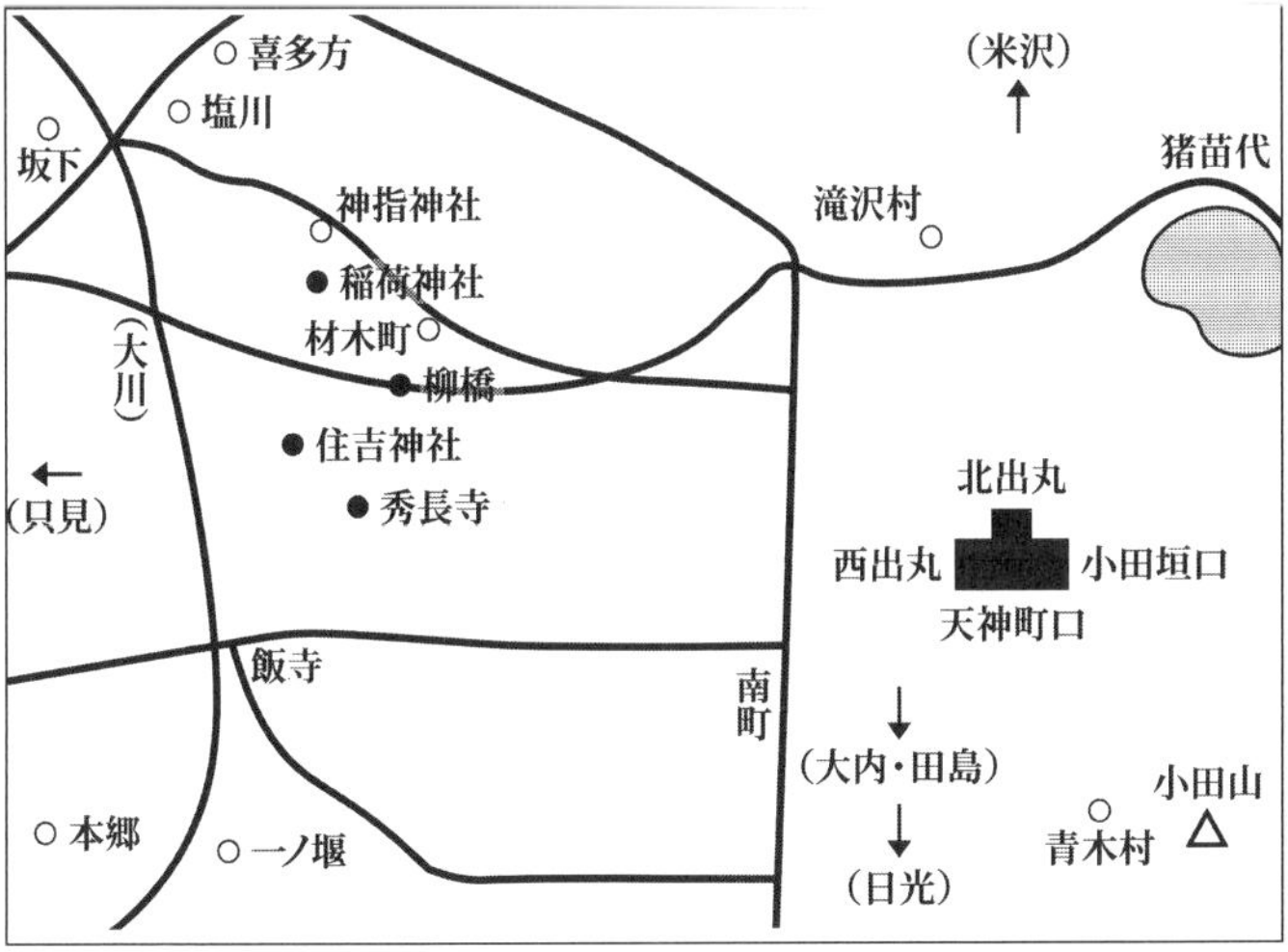

りを果たした者も多くいた。

この日西軍は百八十名以上の死傷者を出して急襲作戦は失敗に追い込まれ日が変わる頃になってようやく食事の支度が始まった。

中野竹子らの娘子《じょうし》隊は衝鋒隊と共に二十五日に城を包囲する敵兵を破って入城を目指す事になった。当日は雨になったが、皆薙刀を手にして夜九時過ぎに郊外の柳橋で阻止線を張っていた西軍兵に襲いかかった。

乱戦となったが善戦している時に竹子が銃弾を胸部に受けて即死した。部隊は一旦撤退して二十八日に銃を持った数名の兵と共に入城を果たして照姫の労《ねぎら》いを受けた後城内戦に合流した。

若松城から千六百メートル程離れたところに小《お》田山《だやま》という小高い山があり、頂上近くまで登ると

小田山の西軍砲撃地点から見た若松城（2015年頃撮影）。
標高372メートルで若松城までの直線距離は1.6キロメートル

眼下に街並や城が見渡され頂上には会津藩の名家老田中玄宰《はるなか》や丹羽能教《にわよしのり》の墓石が建立されている。この戦乱の六十一年前の文化四年（１８０７年）、ロシア人が唐太近辺で略奪行為を行う様になると田中玄宰《はるなか》はこれを取り締まる為に唐太への出兵を決定し丹羽能教《にわよしのり》は北方警備の軍事奉行を担った。

八月二十六日、この小田山の山頂がアームストロング砲を備えた佐賀藩の大砲隊と薩摩一番砲隊に占拠され、会津側は奪還を試みたが反撃が強く断念した。これ以後昼夜を問わず砲弾が城に届く様になった。

西軍制圧下の市街は金品・酒・米などを藩どうしで競い合って奪った。少年兵の生首を酒宴に出したり、女性を乱暴した後斬殺して道端に棄てるなど欲望を満たす為の行為も行われた。ある長州兵は若い女性が子供を連れているのを見付けて「そこでじっとしていろ」と言ったが、そこの家の老女が出て来て横槍を入れて来たので、斬り殺して道端へ放った。後に奇兵隊は陣屋のあった坂下《ばんげ》の周辺で「山狩り」を行い百名近くの女性を拘束した。

戦闘の最中に捕虜となった者は川辺や空地などに連れて行かれて斬首されたが、これは西軍・東軍とも同様である。戦場が会津に移ると体の一部を切断してから処刑に到る、死体を刻むなどの行為が頻発する様になった。

小田山からの砲撃は激しくなっていったが城の南側は出入りができた。各地に派遣されていた部隊も徐々に戻って米沢との国境《くにざかい》と越後方面・南会津では遊撃隊が後方攪乱を行っていた。しかし日増しに包囲が狭くなってきていて、これを打破するため八月二十九日の夜明け前に討死を血盟した一千名による出撃を決定した。最高指揮の役を担うことになったのは強硬派で薩摩などから「鬼佐川」と恐れられた佐川官兵衛《さがわかんべえ》だった。前夜には出陣の兵に容保から酒が振舞われた。日が変わって間も無く、敵兵が熟睡している頃を狙って決死隊が予定通り整列し出陣を待ったが、官兵衛は酒を飲み続け、その時になってみれば水をかけられても目が覚めずようやく姿を見せたのはすっかり夜が明けてからだった。出撃の様子は相手の番兵に察知されたが部隊は西出丸から出て融通寺《ゆづうじ》町方面へと進むと、この周辺に陣を張っていた備前・大垣・長州の兵は突然の襲撃に驚きわれ先に長命寺の広い境内《けいだい》に逃げ込んだ。砲撃を加えて中に突入するとしばらくして土佐の援軍が来て情勢不利となりこの情報を得た容保が撤退の命令を出し大部分の兵は城に戻った。会津側の戦死者は百七十名・負傷者九十三名、備前・大垣・長州の死者は十六名・負傷者二十五名で、土佐は多数の死傷者が出たが数は明らかにせず、薩摩は死傷者はいなかった。官兵衛は敵を撃滅できなかった場合はそのまま外に出て戦うと公言していたので城には戻らず手兵と共に遊撃隊となった。

二十九日の出撃によって西軍の包囲が後方に下がり物資の補給が容易になった。官兵衛の部隊は九月五日に、西軍を材木町にある秀長寺と住吉神社付近で待ち伏せして一斉攻撃し食糧・銃砲・弾薬を奪って城中に運んだ。

同日、斉藤一《はじめ》が率いる新撰組の二十数名は神指《こうざし》へ向かったが濃霧の中で包囲されてしまった。敵兵は五百名程いたが強行突破しその内の数名がかろうじて逃れた。斉藤は会津で転戦を重ね山口次郎・藤田五郎と変名して会津と生を共にし、数名の中のもう一人の土方歳三は援軍を請《こ》うため仙台に行ったところで榎本軍に合流し蝦夷《えぞ》地（北海道）へ向かう。

長岡城が七月二十九日に西軍により奪われると城兵は仙台と米沢に退避のため向かったが、

河井継之助の補佐役をしていた山本帯刀《たてわき》の部隊は、途中の塩沢村（只見《ただみ》）で戦傷が悪化して絶命した継之助の意志を継いで会津に合流して再挙を図ることにした。

九月八日鶴ヶ城にほど近い飯寺村《にいでら》で城への補給路を確保するために、ここを占領していた宇都宮藩兵らを会津藩と山本隊が挟撃する作戦を建てたが、会津軍が先に敗走に追い込まれここに、黒羽《くろばね》藩兵がやって来て包囲され、三十名が捕えられた。山本とその補佐以外はすぐに斬首され、二人は木に縛られ翌日になって恭順を求められ拒否すると河原に連れて行かれて斬首された。

ここに登場してきた黒羽藩（一万八千石）の十五代藩主は大関増裕《ますひろ》で、幕府で陸・海軍奉行として勝海舟を部下で使うなど幕府で要職を務めるとともに自藩の軍の洋式化を進めてスペンサー銃の標準装備に着手したが藩内部では東軍か西軍かで藩主と家老の意見が分かれていた。会津藩領に隣接する二万石に満たない小藩でスペンサー銃の標準装備ができたのには理由《わけ》があった。

幕末になると戦乱が散発してきたために火薬を作る為の原料となる硫黄《いおう》が高騰した。黒羽藩領には那須《なす》火山があり、ここで硫黄が産出されたので戦争特需となり利を得たのを軍費に廻した。後に増裕《ますひろ》は病気を理由に国元に戻った後に自藩の先行きを憂える余りに銃を使って三十一歳の若さで自死したとされるが、他殺の説も強く有り謎の死とされている。親幕府の増裕が趣味の狩猟で山中にいるところを反幕府の家老の手配した者が射殺して自死の様に工作し新藩主の座に水戸藩の影響が強い常陸《ひたち》府中藩（石岡・二万石）の藩主の甥《おい》である増勤《ますとし》（十七歳）を置いて「勤王」で固めたという仮説が成立しても不思議ではない情況であった。その後は宇都宮の西軍首脳に相談し、会津と近接しているので伏兵として働く様にとの指示を受けた。

小勢《こぜい》であったが近代装備をしたこの藩の兵は東軍を苦しめた。五月上旬から那須岳の三斗小屋《さんとごや》には会津が陣を張っていたが八月二十三日に黒羽兵が襲撃し会津軍は十名以上の死者を出して敗走した。ここは黒羽藩の領地であったが村の名主《なぬし》をはじめとする住民らを会津軍の協力者と見做《みな》して捕え、名主の股の肉を串焼きにして喰らい他の者も両手足の指を切り落としてから殺害し金品・衣類まで略奪した後家々を焼失させた。

田島《たじま》陣屋は会津領の日光口にあたるが、ここにいた会津兵が城に戻るため撤退した八月二十九日に西軍によって占領された。その後百名余りの兵を村に残して若松城侵攻を目指して北上していったが残留した兵は連日に渡って分捕りを繰り返した。米穀のみならず金品にも及ぶ強奪で西軍の正体が露《あらわ》になった。困った村の名主たちは会合を開いて対応策を探った。村の占領から十日目の九月九日の朝、半鐘を合図にして熊猟で使う銃や槍・斧などを持った千名余りの農夫たちが一斉に西軍の陣を襲撃した。

残留兵は慌てて逃げ去ったが、遅れた者多数が死亡した。陣の近くにあった寺の墓石には、「官軍戦死一九人」、と刻まれている。この後に遊撃戦を行っていた佐川官兵衛の部隊がここにやって来て合流し複数の部隊をつくった。

圧倒的に数が多い農商民の人心を得ながらの戦争でなければその継続は困難だった。官兵衛は十年後に西南戦争に出征するが、部下たちには掠奪行為を厳禁し、笑顔で接するように、とまで命じた。

佐川隊と農民が合流したことによって南会津地域で土地の利を生かした絶妙な攻撃が行われる様になった。九月二十日、牛首《うしくび》へつり（133P地図参）で行軍中の西軍に銃撃を加え敗退させ翌日は朴木《ほおのき》で高遠《たかとう》・飯山《いいやま》藩兵を敗走させた。二十三日に入小屋《いりごや》にいた西軍を後方から攻撃し逃げ出した兵をさらに前方から攻撃した。二十四日午後、富山と加賀の藩兵を滝原で攻撃し敗退させた。同日の朝に奇襲をかけると驚いて応戦もせずに逃げていた。

二日前の入小屋の戦いで敗走した部隊が叶津《かのうづ》で陣をとっているのを見付けて二十五日に攻撃し再び敗走させた。この様に南部地域では農民合流によるゲリラ戦が展開されて有効となっていた。城の近くの南側でも一瀬要人《いちのせかなめ》・萱野権兵衛《かやのごんべえ》が率いる精鋭の二隊が城への補給路を確保するため戦闘を行いながら移動し十五日に一ノ堰《せき》（139P地図参）で西軍と激突した。十七日までの周辺での戦闘では佐土原《さどわら》（宮崎）藩兵二十一名を戦死させるなど会津側が優勢であったが、一瀬ら指揮を執る者が次々に倒れた上に火力に押されて耐えきれずに大川を渡って本郷方面に移動すると城が完全包囲された。

西軍が降雪を恐れていることは前述したが九月十八日は今の暦で言うと十月下旬であと少し過ぎると積雪によって峠道を越えての弾薬の補給は不可能になり数万名に増加した兵員や軍夫の糧食も危うくなる。

早期の決着を目指して西軍は九月十四日から若松城への総攻撃を開始していた。小田山からの砲撃は一昼夜で二千五百発を超える時もあり、照姫の居室でも砲弾が破裂し護衛の女性が重傷を負ったが、この様な中でも子を授かる者もあった。

（二十四）〈降伏〉

米沢藩は北越方面で敗退し西軍が国境の大里《おおり》峠に迫ったところで縁戚関係にある土佐藩の勧

告を受け入れて九月四日降伏した。藩主の身の安全も保障され寛大処分が約束された同盟盟主の先行降伏であったが、この戦乱で家老の色部《いろべ》久長《ひさなが》をはじめ三百余名が戦死していた。最後の藩主となった上杉茂憲《もちのり》はその後沖縄県令となり薩摩士族による専制支配を除去しようとしたが明治政府から圧力を受けて二年で解任された。

仙台藩は国境の駒ヶ嶺・旗巻《はたまき》峠に防衛線を築き西軍の進撃を阻止しようとしたが八月十一日に本陣の駒ヶ嶺城が占領され十六日、二十日とここの奪還を目指し攻撃を行ったが多数の戦死者を出して後退した。精鋭「額兵隊《がくへいたい》」一千名の無傷の部隊が出動の準備を整えて控えていたが、国境線を破られたことによって恭順派の遠藤允信《さねのぶ》らが勢いを持つようになり病床にある藩主伊達《だ》慶邦《てよしくに》の裁断を求めたところ九月十五日に正式に降伏となった。

戦争の行方を注視していたイギリスに戦況を伝えていたのは薩摩藩であった。特にイギリスに留学経験がありパークス襲撃事件（慶応四年二月三十日）で相手を捻《ね》じ伏せてパークスを救った中井弘《ひろし》は信頼が厚く、頻繁にサトウに会って逐次情況を報告していた。

七月の終わり頃にもなるとイギリスも焦燥感を持つようになっていた。「中井の言うように、現在出征中の軍隊で会津を粉砕することができなければ、会津征討は断じて成功の見込みはないだろう」（サトウの前著）。わが軍の戦況を案じている様なサトウの一文である。九月中旬頃には「私は中井を招いて茶をふるまった。中井はその返礼として、官軍が若松城の外郭を占領したという報告があったこと、内郭と本丸だけがまだ防備軍の手中にあること……」（前著）と総攻撃前後の様子が中井からサトウに伝わっていた。

棚倉藩は西軍に自領を占領された後飛び領地となっていた仙台領に近い保原《ほばら》に撤退していた。西軍は棚倉の領民に帰還を呼びかける一方で雑穀から衣類に至るまで略奪を行っていた。保原に在陣の棚倉藩は十六日に降伏し藩主阿部正静《まさきよ》は謹慎を命じられ両所領は没収された。白河での戦いで四十名、自領で十二名、他の地で十二名、計六十四名がこの戦争で命を落とした。

二十日、会津の降伏願書が米沢藩を通して土佐藩の本営に届けられ板垣退助がこれを受諾、二十一日に砲撃中止となり、城内では容保が藩士や共に戦った者の労をねぎらった。遊撃戦を行っていた佐川隊には降伏の知らせは届かず、志気の高い農兵隊と会津・旧幕兵合わせて四千五百名の兵が、意気軒昂《いきけんこう》に戦い、奇襲を掛けては大砲・鉄砲・兵糧を奪い取り、城の南側から攻撃をかける為に徐々に移動を開始していた。

降伏の知らせが奥地で展開する部隊に完全に届いたのは二十五日になってからで、官兵衛は主君の境遇を考慮して部隊を田島まで後退させた。長命寺戦を前にして主君に「敵を城下より撃攘《げきじょう》しないにおいては、ふたたび城中には戻りませぬ」（『守城の人』村上兵衛から引用）と言って出たが、その戦いが今行われようとしていた時であった。十月一日（現十一月十四日）には大雪が降り深雪の冬となって身動きがとれなくなった西軍は早々に福井・水戸・新発田三藩による民生局を残して会津から撤退した。

開城となった城から容保父子は滝沢村の妙国寺に連行されて謹慎となり、城内にいた兵は猪苗代、城外の兵は塩川に移って謹慎させられた。病人は青木村へ移動させられ、婦女子と六十歳以上四歳以下の者は自由にされた。開城時に婦女らが整列しているのを見て西軍兵が口汚いことばを言い付けたところ逆にやり込められてしまったという長州兵の証言があり、婦女らの結束は最後まで固かった。

「あすの夜は　いづくの誰かながむらむ　なれしみそらにのこす月かげ」（『会津鶴ヶ城の女たち』より引用）と開城が決まった日の夜に城の壁に書いたのは山本八重子であった。城内にいたのは四千九百五十六名で藩の関係者や他の地域からの兵員の他に婦女子が六百五十四名入っていた。他に幼老の者が五百七十五名、傷病人が二百八十四名いた。幼老の数が多かったが子供らは高い所によじ登って顔を上げて敵兵をからかったり凧《たこ》を上げて元気に遊んだあとは城に向けて発射された弾丸を拾い集めてそれを老人らが火で溶かして新しい銃弾を造っていた。

（二十五）〈水戸の天誅〉

水戸の諸生党は越後長岡戦で数十名の戦死者を出しその後は佐川官兵衛の指揮下で会津で戦っていたが、降伏を受け入れず水戸奪還を目指して去っていった。降伏して水戸に連行されれば全員処刑されるのが明確でそれよりは討死覚悟で戦うことを選んだ。水戸では天狗党残党の武田金次郎《きんじろう》の部隊（「さいみ党」）が西軍の庇護下で岩倉具視の激励を受けて諸生党の縁故者と思しき人物を根こそぎに殺害する復讐戦を行っていた。これは以前に諸生党が藩権を握っていた時に同様な事が行われたことに対する報復で、「互いに根こそぎ殺害をしたので水戸では人材が枯渇《こかつ》した」（『覚書幕末の水戸藩』山川菊栄）といわれる。

会津を離れた諸生党約六百名が水戸の城下に雪崩《なだれ》込んで十月一日から翌日に亘り弘道館を拠点にして攻撃を行い双方ともに九十名近くの戦死者を出した。兵站《へいたん》が無く長期戦は不利とみた諸生党は千葉の八日市場《ようかいちば》に向かい松山村で約一千名の金次郎の追手と戦闘となり三十名の戦死者を出して壊滅状態に陥ったが首領の市川三左衛門《さんざえもん》はここから脱出した。戦闘が終わると「さいみ党」は八日市場・東金・佐原《さわら》・銚子など広域に亘る村々で強盗略奪を行った後水戸へ戻った。翌年二月に市川が捕縄され水戸に連行されて処刑されるまで金次郎の部隊による白昼の殺害（「天誅」「人殺し」）は続いた。

（二十六）〈降伏を祝うイギリス〉

若松城落城の頃は江戸に続く栃木周辺の要路では西軍の従軍人夫らが大きな包みを担いで北風に追われる様にして上って行く姿が絶え間無く続いた。人夫らは会津にいた西軍隊長の「この品は差し出し物である」と記した証文を持っていた。徴用の労賃の換わりに西軍隊長の許可を得て若松城下の家屋を探し廻って金目の物をわれ先に手にした従軍人夫は三万名に上り、運び出された品々は江戸で売られたり故郷へ持っていかれたりした。会津では戦闘が終結するとすぐに農民一揆が始まった。ウィリスは降伏後まもなく若松郊外の村の名主《なぬし》（村長）の家に宿泊していたが、吹雪の夜に遠くから一揆の農民の雄叫《おたけ》びが近づいて来るのに気付いた。大急ぎで馬に医療で使う道具を積んで市中方向に避難したが、翌日にその家を見に行ったところ瓦礫《がれき》の山と化していた。三百名以上の農民が手に斧《おの》などを持って家の中に入り込んで土地の証文《しょうもん》などを焼き棄てたので家屋も焼けてしまっていた。

奥羽戦争での会津側の戦死者は二千二百四十九名とされるが、この中に娘子兵や農兵・軍夫は入っていない。

暴行されて殺害された婦人など、自害は除いて、婦女子のみでも百九十四名が生命を失い、総数では数千名以上が死亡したとされている。

横浜で十月二日、全在日公使の集まった会議の席上で東久世通禧《ひがしくぜみちとみ》（外国事務総督《そうとく》・元尊攘派公家）・寺島宗則《むねのり》（神奈川県知事・薩摩）は会津藩が西軍に降伏したと正式に発表した。

ここに出席していたサトウは「説明を聞いて顔色を失った外国使臣のいるのを見て小気味よく思った」（サトウの前著より）と、フランスとの水面下での抗争に勝利したという安堵を得たのである。

その五日後、サトウ、ミットフォードら数名の英国関係者は会津降伏を祝って吉原《よしわら》の洋風遊廓「金瓶楼《きんぺいろう》」で豪遊し、翌日の夕方もサトウの自宅に芸者三人・道化師《どうけし》二人を呼び込んで大宴会を開いた。

(二十七)〈庄内藩の降伏と秋田・南部盛岡藩〉

庄内軍は秋田城を攻略するため九月八日に秋田兵と福岡兵を追い払って雄物川《おものがわ》を渡り十日に秋田城のすぐ手前にある久保田新田の陣屋を攻撃した。ここでスナイドル銃を持った佐賀兵と銃撃戦となったが、米沢藩と仙台藩の降伏の情報が入り、包囲されるのを避けるため十二日に撤退することを決め、大量の弾薬や兵糧を住民の協力を得て運び自領に戻った。

領内に敵兵を一歩も入れる事無く防衛体制を取り、会津藩が二十二日に降伏開城したのを見届けてその翌日に降伏した。二十七日、鶴岡城で西郷隆盛・黒田清隆《きよたか》と降伏の調印を行ったが、その内容は藩主の隠居・減封・賠償金七十万両などで、家老らへの体刑の要求は無かった。

庄内軍を連戦連勝させることを可能としたのは、後装式ライフル銃購入の為に資金を融通した本間家の存在が大きいが、他にも領民を兵員として吸収することを可能としたそれまでの領民保護政策と二番大隊の隊長酒井《さかい》了恒《のりつね》(玄蕃《げんば》)の人格によるところも大きかった。

敵陣を前にして病を重くして立つこともできなくなってしまった時は御輿《みこし》で自分を担がせて戦闘の指揮をとったことなどは勇猛果敢を証明するもので、敵兵からも「鬼玄蕃《おにげんば》」などと称されたが、一方では戦闘中に捕虜として捕えた十二・三歳の兵を目の前にした時には「早く帰れ」と旅費を渡して親元に帰らせた。戦闘が終了すると相手の兵の死体も手厚く葬《ほうむ》り、雨が降っている日は兵を先に屋内に入れて自分は一番最後に入るなど、死に直面する戦場であっても豊かな人格を証明する痕跡を残した。一連の戦闘では三百二十二名が戦死した。

戦勝国となった秋田藩では領内の人家の四割が焼失し兵員の大多数が戦傷を負い四百六十一名が戦死、多大な軍費の負債が残った。その上に拠点地となっていた為に西軍の分の戦費も押し付けられて莫大な額となり財政難に陥り、その解決策として藩独自で貨幣鋳造を行ったが政府に察知されて処罰を受けた。戦争での賞典も満足できる程のものでは無く、藩主佐竹義尭《さたけよしたか》は「戊辰の功殆《ほと》んど泡影《ほうえい》に属し候《そうろう》」（戦争での手柄はほとんど幻と同じ）と不満を露呈した。奥羽の「勤王藩」は政府から重要視される事も無く厄介者扱いされた。後に参議となった木戸孝允《たかよし》（桂小五郎）は「東北辺《べ》（あたり）も……十が十愚者《おろかもの》のみ」と、秋田を他の奥羽諸藩と同一視し、政府も「白河以北一山百文」（※百文《ひゃくもん》は現在の約千円）と喩《たと》えられる政策を行った。秋田領内の院内《いんない》・阿仁《あに》鉱山は金・銀・銅の東洋一ともいわれた豊かな鉱山であったが、戦争後は一旦官営となった後に小野組に払い下げとなり地元を潤す事は無かった。

楢山佐渡《ならやまさど》が率いる南部盛岡軍は秋田領で八月後半から数度に亘って佐賀・秋田の部隊と激し

い戦闘を行った後に自領まで退いて防衛体制をとっていたが、十月九日に同盟軍内最終で降伏した。

戦争を主導した楢山は翌年六月二十三日に盛岡で政府によって斬首刑に処された。

花は咲く　柳はもゆる春の夜に
うつらぬものは　武士《もののふ》の道

が辞世であった。この戦争によって百二十八名の藩兵が戦死した。領内には「田舎なれども南部の国は西も東も金の山」と唄われ昭和四十一年（1966年）まで産出が続いた尾去沢《おさりざわ》鉱山があったが、井上馨《かおる》ら長州閥が介入することによって実権を奪われこれらは後の財閥形成の元となった。

（二十八）〈奥羽と榎本艦隊〉

大政奉還後に西軍は幕府艦隊の接収をしようとしたが、指揮を執っていた海軍副総裁の榎本武揚《たけあき》はこれを拒否して遊撃隊や林忠崇《ただたか》らを真鶴《まなづる》へ、輪王寺宮《りんのうじのみや》や旧幕兵を奥羽に送った。列藩同盟が成立して米沢藩が新潟港の防衛担当になると外交方の宮島誠一郎は五月二十八日海路で江戸湾にいた榎本に会い、新潟港の艦隊による護衛を要請した。これに対して榎本は、慶喜を駿府（静岡）に送った後に援護に行く、と返答した。

七月に入り佐藤市之允《いちのじょう》（米沢）・雑賀孫六郎《ぬかがまごろくろう》（会津）・横尾東作《よこおとうさく》（仙台）らも榎本を訪ねて艦隊の新潟への派遣を要請した。奥羽側の艦隊への期待は大きなものであったが、榎本は徳川家の主君となった亀之助（家達・六歳）を駿府に送り届けた後の八月二十日頃に仙台に向かう、と返答した。その後新潟港は力及ばず七月二十九日に西軍に制圧された。

八月十九日、西軍を「公明正大・真正の王制に非《あら》ず」と非難する檄文を残して回天・蟠竜《ばんりゅう》・千代田形・神速・美賀保《みかほ》・咸臨丸《かんりんまる》・長鯨・開陽の八艦は品川沖から仙台を目指して出航した。

軍資金を流用させたのは勝海舟で、江戸の近辺では戦闘行為をしないという条件を付けた、抗戦派勢力の排除のための措置で、貿易の邪魔をするなというパークスの意向を汲んだものだった。総計二千余名の乗員の中にはフランス軍事顧問団を抜け出したジュール・ブリュネらや旧幕若年寄の永井尚志《なおゆき》・陸軍奉行並松平太郎、彰義隊・遊撃隊等の残党が入っていた。

船団は銚子沖を過ぎた頃に暴風雨に遭い、美賀保と咸臨《かんりん》丸は流されて行方不明になり乗船していた中の伊庭八郎《いばはちろう》ら一部が仙台に辿り着いたがその他の多数が戦闘や捕縄後の処刑によって死亡し大量の軍資も失った。他の六艦も離ればなれになってしまったが同月の下旬にそれぞれが仙台に到着した。戦況は悪化の一途で、仙台でも降伏恭順派が藩論を握ろうとしているのを知って榎本は驚いた。奥羽が大きな期待を寄せていた榎本艦隊とは歯車がうまく噛み合わなかった。

艦隊入港の知らせを聞いた会津藩外交方の南摩綱紀《なんまつなのり》は榎本に会って軍事支援を求めたが、二艦が行方不明になり兵員の他に大砲や弾薬を失ったことを理由に拒絶された。榎本は閏《うるう》四月二十三日という早い段階で勝海舟に箱館への艦隊での上陸を相談しており、仙台港へ入ったのは奥羽支援ではなく、箱館への経由地としての寄港だった。西軍と戦火を交える事無く、先に入港していた長崎丸・大江丸・鳳凰丸《ほうおうまる》を加えた艦隊に旧幕勢力や仙台の額兵隊を新たに加えて総勢三千名となって十月九日に蝦夷《えぞち》地上陸を目指して去って行った。上艦できなかった者も多数いたが、その中の逃げ遅れて西軍兵に捕縄された百名程は海岸に連行されて首を刎《は》ねられた。

仙台藩で軍事を統括していた但木土佐《ただきとさ》は翌年五月十九日に同盟を主導した坂英力《さかえいりき》と共に東京で斬首された。

雲水《うんすい》の行衛《ゆくえ》は何処《いづこ》　武蔵野を只吹く風に　まかせたらなん　　但木土佐（辞世）

うき雲を　はらいかねたる秋風の　今はこのみにしみぞ残れる　国のため拾《ひろ》う命

のかいあらば　身はよこしま（※不正）の罪に坏《つき》つとも（※終ろうとも）危うきを見捨てぬ道の今ここに　ありて踏みゆく身こそ安けれ　坂英力（辞世）

（※は筆者によるもの）

同盟成立で中心的役割を担った若生文十郎《わこうぶんじゅうろう》と玉虫左太夫《たまむしさだゆう》も捕縄された後に切腹させられた。玉虫は榎本と行動を共にする予定であったが一日違いで捕われてしまった。『入北記』『航米日録』『官武通紀』など貴重な資料となるものを残した。仙台藩は一連の戦闘と戦後の処分によって千二百七名が死亡した。

（二十九）〈北方の戦い〉

江戸時代の中期まで蝦夷地《えぞち》は琉球と同様に、日本とは明確に認識されない、見做《みな》し領地であった。松前藩が最南西部の渡島《おしま》半島のさらに端の松前に居所を置いていたが、江戸時代初期の二代目の藩主松前公広《きんひろ》は外国からやって来た宣教師らに、ここは日本ではない、と語っていた。品種改良もできなかったので米の生産は最南端でわずかに収穫できるのみだった。では何故松前藩がこの地に存続できたのか、それは先住民であるアイヌの生活に介入する事によって成り立っていたのである。

広大な原生の地にアイヌが集落を造り、舟で間宮《まみや》海峡（タタール海峡）を通ってアムール河を上り清（元）と山丹《さんたん》交易といわれる貿易を行い、沿岸では鮭やオットセイなどを捕って生活していたが、次第に米が本州から流入するとアイヌにとってもこれが必要不可欠なものとなり、松前藩から米や鍋などの鉄器を、アイヌ側からは貿易による輸入品の清の衣服や干鮭・獣皮などを物物交換して生活していたが、松前藩による交換率が低く抑えられアイヌの生活は苦境に追いやられた。ここに鰊《にしん》を農業用の肥料として加工して大坂方面で売る近江《おうみ》商人らがやって来てアイヌを酷使したため、これに抵抗して蜂起すると中心となる人物が次々に殺害・捕縄されて組織的な抵抗力を失っていった。松前藩による強権的管理支配と和人商人による奴隷的使役のために男女ともに十六・七歳になると家族から引き裂かれて集落で生活する事さえ出来なくなり民族的存亡の危機に陥った。

文化三年から四年（１８０６~０７年）にかけて樺太《からふと》・択捉《えとろふ》・礼文《れぶん》・利尻《りしり》島をロシア帝国の先兵であるレザノフの軍が襲撃し米や塩を略奪し子供を拉致して放火するなどを行った。幕府はこれに対処するため「ロシア船打払令」を出しこの地域に近寄るロシア人を捕縄又は切り捨てるよう奥羽諸藩に対して出兵命令を出した。

これに応じて仙台・会津・秋田・南部盛岡・庄内・津軽・弘前など主だった奥羽の藩が出兵し総兵員三千名で要所の警固についた。

文化四年の四月二十九日、ロシア艦の小船二艘が択捉《えとろふ》の内保湾《ないぼわん》に入り上陸したところ待ち構えていた南部・弘前兵が発砲し銃撃戦となった。ロシア兵は小船に戻って沖に出たが、その後母船の軍艦で戻って来て艦砲攻撃を始めたため藩兵は陣屋に火を付けて撤退を始めた。ロシア兵は再上陸して武器や酒・米などを略奪し負傷した南部藩兵を連行して船に戻ったが、六月にかけても礼文や利尻で島民を拉致するなど同様の襲撃を行った。

厳しい自然の地域に派遣された諸藩の兵員の損失は大きく、津軽藩のみでも栄養失調などで七十名以上が死亡、生還したのは十数名のみであった。会津藩は悪天候による船の転覆で五十余名が水死した。

ロシア帝国による一連の攻撃は二年前に皇帝アレクサンドル一世の命令で派遣されたニコライ・レザノフによる貿易（開国）の要求を拒絶した事への報復であった。

安政二年（1855年）ロシア帝国との間に「日露和親条約」が結ばれ択捉とその先のウルップの間を国境とした。それから四年後に会津藩は対露国境警備の命を受けて根室沿岸での警護に付いた。

藩士とその家族二百名が標津《しべつ》に陣を置いて警護の傍《かたわ》らに農地の開拓も行った。南摩《なんま》綱紀《つなのり》は代官として赴任していた六年間子弟の教育にも注力し、その授業ではアイヌ語を和訳しアイヌと学びを共にして産業の共同開発の提言も行い少しずつ理解が得られる様になっていったがまもなく戊辰戦争となり会津に戻った。

松前藩は文化露寇《ぶんかろこう》で奥羽諸藩の援軍を得て危機を乗り越え、後に戊辰戦争が始まると列藩同盟に加入したが、その後西軍派の「正義隊《しょうぎたい》」が西軍から派遣されていた箱館府知事の清水谷公考《きんなる》らの加勢を得て四十名余りでクーデターを決行し筆頭家老の松前勘解由《かげゆ》を自刃に追い込み他の者も粛清して十三代目藩主徳広《のりひろ》に西軍支持を認めさせた。

十月二十日、榎本武揚《えのもとたけあき》が率いる艦隊が防御の手薄な鷲《わし》ノ木に接岸し艀《はしけ》を使って続々と上陸した。目的はここに旧徳川家臣団を迎い入れて開拓を行うとともにロシアの侵攻に対して防衛体制を構築するという事だった。

大島圭介が率いる主力隊は内陸道を通って、土方歳三の率いる隊は海岸沿いにそれぞれ箱館に向かった。箱館奉行を接収して府知事となっていた清水谷公考《きんなる》は手練《てだ》れの旧徳川の軍を目の前にして冬期の戦争は不利とみて防御に付いていた府の軍と支援の備後《びんご》福山・越前大野藩兵ら数百名を連れて雇い入れた外国船で二十五日に青森を目指して逃亡し、後に残されたのは一千名の松前藩兵のみとなった。

榎本軍は松前藩に降伏を勧める使者を出したが、これが殺害されたため攻撃することを決定した。土方《ひじかた》を最高指揮として、衝鋒隊・額兵隊《がくへいたい》ら七百名が二十七日に松前城を目指して進軍を開始した。松前兵の奇襲を撃退し、五日に五百名の藩兵が籠城して大砲を撃って抵抗する城への攻撃を始めると、城兵は城と城下に火を付けて撤退を始めた。

松前藩は新しく造った厚沢部《あっさぶ》の館《たて》城へ藩主を移動させていたが安全を確保する為に十二日に船で弘前に送った。重病人の藩主徳広は到着後間も無くの二十九日に喀血して死去したとされているが咽を突いて自刃したという説もある。館城には六十名が籠城していたが銃撃戦のあと城内での白兵戦となって落城、他の所にいた三百名も投降した。

十二月十五日、榎本軍は蝦夷地《えぞち》平定を宣言した後各国の領事を招待して箱館政府樹立の祝賀会を開いた。アメリカ・プロイセン・ロシアが表敬訪問し、イギリス・フランスもこれを事実上の政権と認定した。士官以上の投票の選挙により榎本が総裁に就き、副総裁には幕府で外国奉行・陸軍歩兵奉行を務めた松平太郎が就いた。

これに対して西軍側は話し合いによって妥協を得ようとした。勝海舟が徳川慶喜のいる駿府《すんぷ》（静岡）へ向かい、「箱館政府不支持」の認証を取ってこれを榎本に見せて交渉を有利にしようと目論《もくろ》んだ。山口範蔵《はんぞう》外国官判事を交渉役として箱館に派遣する為にイギリスに軍艦の出動を要請した。以下はアーネスト・サトウの、前に紹介した著書の一文である。「十二月二十一日に横浜の公使館で、長官と、伊達、東久世、小松、木戸、町田、それに池部五位などが集まり、大会議が行なわれた。日本側の希望の第一は、山口範蔵に反軍の首領と談判させるため、同人をイギリス軍艦に乗せて箱館まで送るように、ハリー卿に手配を依頼したいというものであった。長官としては、それではあまり事件に深入りし、世間から天皇政府に味方するものだと非難されることになるので……」と、この要請を断った。これによって交渉による解決は遠退《とおの》いた。

季節は厳冬期に入り二千七百名が青森で待機し、上陸に使用する外国船の確保のためイギリスの取り計らいでアメリカとプロイセンの抵抗を退けて局外中立を解除させた。

蝦夷地では総裁・副総裁の他にも軍艦奉行・陸軍奉行・海軍奉行などが置かれ投票によって人選が行われたが、陸軍奉行並《ぶぎょうなみ》（副長官）として土方歳三が選ばれた。歳三は農家の十人兄弟の末っ子で、近藤勇の門下で剣道を習ったのを機にして行動を共にしたが、人材が数多く揃う中でも歴戦の新撰組への評価は高かった。箱館政府の政策の中で最も榎本色が出されていたのは1864年（元治元年）のジュネーブ条約に基づき野戦病院を設置して敵味方の区別無く治療を行うことを主旨とした事で、西軍政府にこうした事をできる人物はいなかった。

最大の課題は雪解けから始まる西軍の攻撃を撃退することであるが、それには先住民の支持を得ることも視野にあったが、財政確保の為として細部にも関所を設置して通行税を徴収し住民・弱者にまで厳しく取り立てを行ったため反感を持たれる結果となり、副総裁松平太郎の指示で貨幣鋳造に踏み切った。

西軍の攻撃を撃退しても、銃砲弾や米の輸入、支援の要請に応じる外国の獲得など様々な課題があった。石炭や硫黄・木材などの天然資源が豊富でアイヌが二万人前後・和人が十万人前後と人口も少なく、水が豊かに湧き出る土地はヨーロッパ人にとっては貴重であったためプロシアの公使フォン・ブラントは戊辰戦争の当初から会津・庄内藩と接触して武器・弾薬を供与する見返りに一部の地域に入植する様に国元に提起していたが首相のビスマルクがこれを受理しなかったため支援に出て来る事は無かったが、榎本政権としては諸外国との連合を構築して西軍政府と対抗する必要があった。

年が明けて三月中旬を過ぎると西軍は軍艦の他兵員輸送の為の外国商船など十四艦を宮古湾に揃えて出撃の準備を整えていた。主力艦の「甲鉄《こうてつ》」は幕府がアメリカに発注していたのが西軍に渡されたもので総鉄製でアームストロング砲を搭載し世界の中でも最高峰級だった。

攻撃が間近と見た榎本軍は先手を打って回天・高雄・蟠龍《ばんりゅう》の三艦で三月二十一日未明に箱館港を出て西軍の艦が集結している宮古湾に向かったが途中で暴風雨になり高雄が航行不能となり離脱し他の二艦も離れ離れになってしまった。高雄には海軍兵七十名の他に陸軍二十五名と元フランス海軍兵のコラッシュらが乗っていた。この作戦は元フランス海軍士官候補生ニコールと回天艦長の甲賀源吾《こうがげんご》の発案によるもので、自軍の艦船不足を補う為に「甲鉄」を分捕ってから他の艦に砲撃を加えて帰還するという計画だった。甲賀は、積極攻撃論者で、たとえ一艦であろうとも作戦を貫徹すると強硬に主張した。

二十五日の夜明け前、抜刀隊の彰義隊・神木《しんぼく》隊（越後高田）や土方歳三・ニコールら二百四十名を乗せた回天は湾の中に進み甲鉄を見定めるとその隣に横付けした。先発の斬り込み隊の数名が甲鉄の甲板に降りたところで他の艦に気付かれて砲撃をしてきたため回天は湾外に脱出しようと動いたが、斬り込みに入った兵員は撤退に遅れて銃で撃ち殺された。甲賀も銃弾を受けながら指揮を続けたが頭部に弾が命中して戦死し軍艦奉行の荒井郁之助が代わりに舵をとって撤退した。途中で離散した後に戦闘に向かった蟠龍《ばんりゅう》と合流して箱館に二十六日の夕方に戻ったが、高雄は漂流して青森側に着岸した後に焼失させて投降した。

これが「宮古湾海戦」といわれる戦いの概要だが、これによって榎本軍は戦死十五、投降百名余り、艦の焼失一、と大きな損害を出した。

奇襲を受けた西軍側は戦死四名と軍用船一隻小破だった。出撃にあたって気象を甘く見たことや艦の整備不足の他に、三艦の離散後も難儀な「甲鉄奪取」に拘《こだわ》ったことが敗因となった。

西軍の艦隊は雪解けと共に箱館政府の制圧に向けて一斉に動き出した。

四月九日早朝、乙部《おとべ》沖に泊めた輸送船から艀《はしけ》を下ろして千五百名が上陸、江差まで進んだ。

箱館へ向かう途中で十三日から翌日まで銃撃戦となり、銃弾不足の榎本軍が次第に後退していった。西軍は増援を次々と上陸させ複数の経路で箱館攻略にかかった。一方の榎本軍にも十四日に仙台藩を脱藩した見国隊四百名が応援として上陸し守備に付いた。

艦砲の支援を受けた西軍は松前を十七日に攻撃し榎本軍は四十名以上の戦死者を出した後撤退した。二十日、木古内《きこない》で未明から始まった戦闘は昼まで続き、額兵隊《がくへいたい》と遊撃隊が防戦にあたったが七十名余りの死傷者を出して後退、歴戦の伝習隊が援護に来て反撃を再開した。

二十四日、西軍の艦隊が箱館湾沖に現われて砲撃を始めると榎本軍も艦と砲台を使って反撃した。座礁や故障で戦闘で使える軍艦は回天・蟠龍・千代田形の三艦のみになっていた。二十九日に西軍千六百名は木古内《きこない》と箱館の中間の夜不来《やふらい》を三方向から攻撃、艦砲も加わったため榎本自ら指揮を執ったが百六十名の戦死者を出して箱館方面へ撤退した。この日の戦いで千代田形が暗礁に乗り上げて航行不能になった。

乙部《おとべ》から箱館への中間地点にある台場山では土方歳三が指揮する衝鋒隊・伝習隊三百名がここを要塞化して待ち構えていた。十三日、雨の中を七百名の西軍兵が押し寄せて来て翌朝まで戦闘は続き西軍は攻めきれずに引き上げて行った。しばらく過ぎて二十二日に再攻撃したがこれも撃退され翌日は脇の山からも銃撃を始め翌朝まで続いた。二十四日、夜が明けると伝習士官隊の一団が抜刀してここに突進し敗退させたが二十九日になって後方の矢不来《やふらい》が突破されてしまい箱館方面への退去を余儀無くされた。

五月二日、戦争の結果を推測したブリュネら元フランス兵十名は停留していた自国の軍艦に避難して身の安全を確保した。旧幕府軍に戦う事を奨めたロッシュの意志が働いていたかどうか示す資料は無いが彼等は逮捕されて本国に送還された後に現役復帰を果たした。七日早朝、西軍の五艦が箱館湾内に入り、ここで榎本海軍主力の回天が被弾し再起不能となった。

十一日、海陸からの箱館総攻撃が始まった。榎本海軍の蟠龍《ばんりゅう》は「朝陽」を砲撃し撃沈したがその後座礁して動けなくなり海上での抵抗力の全てを失った。

箱館山を制圧していた黒田清隆指揮の数百名による銃撃と艦砲に加えて乙部方面からも兵が殺到し市街が燃え拡がる中、土方歳三は馬上で指揮をしていて銃弾を受けて即死した（享年三十五歳）。元旗本で彰義隊頭並《かしらなみ》だった春日左衛門《かすがさえもん》も重傷を負った後自害、二十五歳だった。

昼近くに市街は制圧され赤十字社の方針で傷病兵の治療を行っていた箱館病院分院にも西軍の兵が雪崩《なだれ》込《こ》んで中にいた十数名を殺害し火を付けた。

榎本軍主力は五稜郭へ退去し、ここへ十二日から艦砲攻撃が集中して死傷者が続出した。西軍参謀の黒田清隆は降伏の勧告を行ったが十五日になって弁天台場にいた永井尚志《なおゆき》ら二百四十名は糧食も尽きたため降伏を決めた。元浦賀奉行与力《よりき》でペリー来航時に接待役をした中島三郎助は五稜郭手前の千代ヶ岡陣屋で守備隊の隊長として抵抗を続けていたが十六日に長男・次男・古くからの部下と共に戦死した。その後、五稜郭内で聞かれた会議で降伏が決定し榎本は責任を一手に引き受けて自刃する覚悟であったが、直前に周囲の者たちから説得されて自制した。

十七日に主要幹部が出頭し無条件降伏を受け入れて翌日に一千名が投降した。鳥羽・伏見戦から始まった一連の戊辰戦争といわれる戦いはここで終った。兵士らは弘前藩等に身柄を預けられたが翌年には釈放され、榎本・松平の他大鳥圭介・荒井郁之助・相馬主計《かずえ》・永井尚志《なおゆき》・松岡盤吉《ばんきち》ら中心的役割を担った七名は明治五年（１８７２年）まで投獄された。黒田はこれらの人物の優れた資質を認めており、特赦で放免された後は黒田の力添えにより明治政府に登用された。

箱館戦争では榎本軍が一千名、西軍は三百名が戦死した。戦後も箱館政府に協力したと疑われた藩士や町人ら九十名余りが松前藩によって捕縛され、町内引廻しをして十九名が斬首されたが、後に藩は財政難に陥り正義《しょうぎ》隊と反対派の対立も続き、間も無く廃藩となった。

蝦夷《えぞち》地は明治二年八月「北海道」と名を改められ国境の防衛と開発を図る為に黒田を長官と

する北海道開拓使が設置された。

農業従事者は開墾と共にロシアからの侵攻に備えて軍事訓練を行い、「屯田兵《とんでんへい》」と言われたが、その中心となったのは戊辰戦争で敗れた奥羽の旧士族であった。これはその一例であるが仙台藩分家の亘理伊達家《わたりだてけ》は戊辰戦争で敗れ石高は二万四千石から五十八石と大幅に削減された。数百名いた家臣らを救う為に藩は北海道へ移住して開墾を始める事を決定し、明治三年（1870年）に家臣とその家族二百五十名が有珠《うす》へ移住した。開墾にあたっては先住民に不都合がない様に留意した。

伊達慶邦《よしくに》の妹で亘理伊達家の正室となっていた伊達保子《やすこ》（佑姫《ゆうひめ》）もここに移住し家臣らと同様に粗末な小屋に住み開墾に力を注いだ。収穫は思い通りにはいかず、常食の芋粥が無くなると野山の物を採って凌《しの》ぎ周囲の者を元気付け十五年が過ぎてここでの開墾が評価され「賊」ではなくなった。

黒田清隆は明治十四年（1881年）に開拓使の廃庁が決定されると、一千四百万円の国費を投じて起業した殖産会社を同郷の五代友厚が代表となっている「関西貿易社（五代と住友・鴻池・三井の合資）」に三十九万円で払い下げようとした事が露見して政治問題となった。

事態の収拾が難渋し、天皇の裁下によって処置して払い下げは未然に終ったが、開拓使に代わって北海道庁が設置された（明治十九年）後に格安の値で三井・三菱・住友などの財閥に売り払われた。道庁設置後に大資本が入り込むと「旧土人保護法」・「未開地処分法」等が制定されて合法的に土地や狩猟権を奪われる様になりアイヌの生活はより一層厳しいものとなっていった。

（三十）〈会津処分と庄内処分〉

会津藩兵は全員が戦犯として処分されることになり、容保をはじめとする重臣は江戸に連行され、その他は明治二年（１８６９年）一月に四十名程に分けられて越後高田（上越）の寺社にそれぞれ収容された。幼老婦女子らは放免されたとはいっても住まいは略奪後に焼失していて農家の納屋などを借りて生活できれば良い方であった。

戦死者らの遺体は埋葬する事を禁じられ雪に埋もれ春になって姿を現わした。近所の肝煎《きもいり》（世話人）が出てきた遺体を埋葬したところ、民生局監察方筆頭の久保村文四郎《ぶんしろう》（越前）は、今度やったら首を刎《は》ねるぞ、と威圧した。久保村は日頃から侮辱的態度で会津人に接し、何々の容疑だ、などと言って首を刎ねたので横暴者の頭目として会津人から憎悪された。夏近くになって民生局が廃止され久保村は役を終えて福井へ戻ることになった。その帰り道、越後街道を進んだ会津坂下《ばんげ》の外れの束松峠《たばねまつ》で久保村は待っていた複数の男らによって斬殺された。

庄内藩への処分では、戦争を主導したのは家老の石原倉右衛門《くらえもん》（戦死）であるとの主張が認められて処罰された者はいなかった。領地についても十七万石から十二万石への減封で、仙台藩が六十二万から二十八万石、長岡藩が七・四万石から二・四万石へと大幅に減封されたのに比べると寛大なものであった。

この処置は西郷隆盛によるものであったが、長州の大村益次郎はこれに頑強に反対し会津への移封を主張した。

庄内藩としては受け入れがたい事で、豪商本間家が三条や岩倉ら政府首脳へ働き掛けていたところ移封を撤回するとの命が太政官《だいじょうかん》名で出された。賠償金として三十万両を支払ったが西郷と大村の押し合いで西郷が押し切った形となり、庄内藩は西郷に対して恩義を抱くことになる。

一方の大村はこれ以後薩摩との対決を想定して陸軍の拠点を江戸ではなく大阪に置く様になるが、それから二ヶ月程過ぎて京都で会食しているところを軍制改革に反対する旧長州藩士数名に襲撃されて重傷を負い、この時の傷が元で敗血症となって死亡した。

しかしこの時西郷は何故庄内藩に対して寛大な処分をしようとしたのか疑問が残る。三田の藩邸が庄内が主力の幕府の部隊に鎮圧された際に六十名以上の藩士や浪士が戦死したという経過から見れば相当数の体刑と絶藩を求めるのが一連の流れである。庄内との応対役となった黒田清隆に対して西郷は「敗軍の将に対して傲岸《ごうがん》な態度で接してはならない」（相手が敗者だからといっていばって見下してはならない）と言ったという。木戸や井上には言える言葉ではないがこれだけでは説明ができない。戦死した浪士らは水戸などの攘夷原理派で後に阻害となる恐れがあり、西郷は御用盗の責を問われる可能性があった。

秋田戦線で大山綱良が率いる薩摩隊は庄内軍と対戦したが、スペンサー銃を装備した庄内軍は薩摩を圧倒する勢いをもっていた。後に庄内は撤退を決定したが、これは軍事的敗北によるものではなく、余力を持っての状況判断からの決定で、これによって薩摩を含む秋田勢力は危機から脱出する事ができた。「御用盗」という非常手段を使って江戸警備の庄内藩を挑発したことへの罪悪感と降伏によっての安堵、本間家と一心同体となっている庄内藩を切り崩した場合の社会的影響を見ての判断であった。

明治三年（１８７０年）になると旧藩主酒井忠篤《ただずみ》は藩士八十名近くを率いて鹿児島に向かい

西郷と共に軍事訓練に励んだ。庄内藩と本間家の関係を維持できたのは西郷の周旋《しゅうせん》によるものであり、庄内と薩摩の関係は血盟に近いものとなった。

「明治六年政変」で西郷が下野《げや》して鹿児島に私学校を開くと庄内藩の子弟もここに入学し暫く過ぎて明治十年（１８７７年）に西南戦争に挙兵するとこの中の二名が参戦して戦死した。鹿児島に義勇兵を送る動きも出たが西郷と親身の重臣の菅実秀《すげさねひで》によって制止された。

（三十一）〈本間家と財閥〉

江戸期には両替商や呉服商で財を成し幕府の公金を扱っていた三井家や銅山開発で成功した住友家の他に両替商の鴻池、米の仲買商の加島屋、海運業の本間家などの豪商がいた。本間家は本間原光《もとみつ》を初代当主として、三代目の光丘《みつおか》が北前船《きたまえぶね》による染色の原料となる最上地方の紅花や米を日本海から瀬戸内海を通って大坂に運ぶ商いを開始し「西の堺・東の酒田」と人々から言われるまで栄え、関西方面ばかりで無く蝦夷地《えぞち》・樺太《カラフト》まで航路を拡げたが、家には「地域への貢献・弱者の救済」という家訓《かきん》があった。

光丘は各地の大名を相手に金融業も行いこれで得た利益によって農地を拡大させて国内最大の地主となったが、庄内藩への財政支援を行い、米の備蓄を行って不作などの非常時にはこの備蓄米を放出して小作人を保護した。

五代と六代目の当主には庄内藩士が入籍し、特に六代目の光美《みつよし》は藩が江戸市中の治安警備の役に付くと三万両を献上、さらに洋式の武器を購入する為の資金を要請されると五万両を差し出し、日頃の小作人保護政策は士気の高い農兵の徴用に結びついた。

戦争が終わってしばらくすると本間家の財力に目を付けた伊藤博文・大久保利通らが出向いたが交渉には応じなかった。伊藤らの「財閥形成」と本間家の「地域貢献」とでは性格が違い過ぎた。

その後も本間家は成長し明治二十七年（１８９４年）に起きた庄内地震の際には被災した窮民に米を半年間に亘って放出した。

井上馨《かおる》は木戸孝允《たかよし》（桂小五郎）の世話で大蔵省に入り、上役の大蔵卿（大臣）の大久保利通が岩倉使節団で留守をしている間に代役としてその特権を私用で行使した。南部藩が運営していた銅山を借金がある事を理由に差し押えて、奥羽で生糸を買い占めて大金を稼いでいた井上の用人の岡田平蔵《へいぞう》に利息無しで払い下げさせた。この銅山は一旦「岡田組」と名を換えて井上が深く関わる三井へと継がる。これは奥羽から権力を使って資源を奪い私物化した一例で、正《まさ》しく「一山百文」であった。

南部藩が所有していたもう一つの小坂《こさか》鉱山も戦争終結後に官営化された後に元奇兵隊員で井上らと縁のある藤田伝三郎《でんざぶろう》の「藤田組」に払い下げられた。これは後に「同和鉱業」と名を変え藤田財閥の主軸となって平成二年（１９９０年）まで存続した。

井上は汚職を追求されて官職を退いた後三井の最高顧問の地位を使って長州系列企業の結束を進め貝島（炭鉱）・藤田・三井の巨大財閥を築きさらに政治家と商人の縁組みをさせることによってこれを拡大させた。

少し例をあげると伊藤・井上と桂太郎らは家族の養子縁組などにより親族となり、他にも山縣有朋《ありとも》と乃木希典《のぎまれすけ》が姻戚《いんせき》関係となり、戊辰戦争に参戦した靖国神社二代目宮司《ぐうじ》の賀茂水穂《かものみずほ》や後に満洲軍総参謀長となる長州藩支藩の徳山藩出身の児玉源太郎の子や孫・姪《めい》・甥《おい》などが婚姻関係を結び政商一体となる長州財閥を形成した（『持丸長者　幕末・維新篇』広瀬隆参考）。

（三十二）〈家族も含めての流罪〉

会津藩の戦争責任者として田中土佐（玄清《はるきよ》）・神保内蔵助《じんぼくらのすけ》・萱野権兵衛《かやのごんべえ》の三名の家老が指名されたが萱野以外の二名は西軍が城下に侵入した時に自害していた。

明治二年（１８６９年）五月十八日萱野が戦争の全責任を取る形で切腹した。

夢うつつ思ひも分す惜しむそよ　まことある名は世に残れとも（照姫の見舞いの書）

戦争の処分はこれで終わった様に見えたが、これはその始まりだった。会津処分は長州藩にまかされたが、木戸孝允《たかよし》は藩士の家族に到るまで罪人扱いの処分を行った。

自ら行った攘夷が誤まりであった事を公に認めもせず、前天皇が最も信頼を寄せた会津藩をイギリスの援護を受けて蹂躙《じゅうりん》し領地を没収して本州最北端の地へ流罪収容した。流罪《るざい》は死罪に次いで重い刑で、反発が予想されて死罪に出来ない場合などにこの措置が主として政治犯などに対して行われた事から、木戸の本意は家族を含めての会津士族全員の抹殺であったと想定される。この刑は明治四十一年（１９０８年）に廃止となった。

明治三年（１８７０年）、藩士やその家族が八月から十月までの間に陸路と海路を使って向かったのは旧南部藩領の十和田湖に近い三戸《さんのへ》・五戸《ごのへ》と下北半島で、その周辺での農業に適している地域は除かれた。会津に隣接する猪苗代という選択肢もあったのだがここは余りにも狭すぎた。中央部に活火山の恐山《おそれざん》があり烈風や積雪で何もとれない様な土地であったが、最終的にここに旧藩士とその家族二千八百戸、一万七千余名が移住してこの地を「斗南《となみ》」と名付けた。大参事としてこの地に移った元軍事総督の山川浩《ひろし》（二十五歳）はここを「神代《かみよ》のままの国」と評した。

海岸に面した地には江戸中期までアイヌの集落があり石高《こくだか》の無い特別な行政区だった。当時の記録には田名部《たなぶ》のアイヌが南部藩の藩主を訪れて熊の毛皮や鮭・オットセイ・あわびなどを献上し、その代わりに米・酒・塩などをもらった事が記されている。

政府の最高官庁である太政官《だいじょうかん》から告げられた「三万石」というのは虚偽で、これは長州の仕掛けた罠であった。明治四年（１８７１年）、掘建小屋で蒲団も無い所で零下二十度にもなる冬を越して雪が融けると開墾を始め想いを込めていろいろ植えたが作物は育たず寒さと栄養失調が原因で病人と餓死者が続出した。

この様な中でも藩校日新館を八月に開校させた。

又、大湊《おおみなと》港の貿易港としての整備や牧場の開発が試みられた。洋式牧場「開牧社」を開設したのは広沢安任《やすとう》で、大久保利通や渋沢栄一らとも顔見知りの仲でサトウからも英語を学び広い交流を持っていた。後に政府の頭目となった大久保はこの牧場を訪れて広沢に政府要職への仕官を要請したが薩摩への不信を理由にこれを拒否した。

寒さと飢えと病に苦しみながらも斗南で生きた会津人に　転機の時が訪れたのは明治四年（1871年）七月で、廃藩置県を断行したことにより斗南《となみ》県から弘前県・青森県となって一年と数ヶ月にして斗南藩は消滅する事になった。この地に残ったのは三百戸余りで明治七年（1874年）頃までには六割が会津の地に戻り、さらに北海道などへも移動した。

（三十三）〈現人神《あらひとがみ》の出現〉

仏教や儒教等の外来の宗派を排除して「天照大御神《あまてらすおおみかみ》の子孫たる天皇を中心とした国家により繁栄を図る」、とする復古神道《しんとう》は本居宣長《もとおりのりなが》により唱えられ平田篤胤《あつたね》によって進展されて尊皇攘夷派の拠《よ》り所となった。

明治政府は政権樹立直後に「神仏分離令」を出して仏教を排除し、国体と神道を結合させた国家神道体制を確立した。

ミットフォードは体制の変化、特に天皇の変化について「今や突然に、神殿のヴェールは引き裂かれ、神を守るためには、おおぜいの人民が喜んで自分たちの命を投げ出すであろう、その現人神の少年が雲の上から降りて来て……〝外夷〟と親交を結んだのである」(『英国外交官の見た幕末維新』)と書いている。〝現人神〟がイギリスと親身な関係に至ったという、前天皇ではあり得ないことが現実になったのである。

イギリスが新政権に求めたのは自国との貿易を問題を生じさせる事無く行う事と、もう一つはロシアの南下政策を食い止める強力な軍事力を持つ国家の形成である。この為に〝現人神〟の存在が必要であると認め、天皇を頂点とする軍事国家の形成に期待を寄せた。

この現人神の対極の一つに置かれることになったのがキリスト教徒で、この処遇についてはイギリスが想定外の苦境に陥った。

「長崎の近くの浦上《うらかみ》の村にあって、村全体が約四千人のキリスト教徒で成り立っていた。京都の朝廷の保守派は、村人たちを切り殺して絶滅させるべきだと決定した。……極端な手段に訴えることを避けようとすれば、それは天皇に対する不忠であり、その神聖な権利を否定するものだと見なされる恐れがある」（ミットフォードの同著）。

この問題に介入しようとすればイギリスであろうと天皇に歯向かう「不忠者」と見做《みな》される恐れがあった。誰が「不忠」と決定するのかについては「重要人物の古い公家たち」と述べているが、これは岩倉・三条・沢宣嘉《さわのぶよし》らで、公家の他にも井上馨らが関わった。

パークスもこの問題については苦慮する事になった。もしも日本のキリスト教徒が新政権によって皆殺しなどの体刑を受けることになれば、それを知った本国の政府は日本を非難することになり、今までの対日工作は水の泡となる。結果としてイギリス側の交渉努力によって皆殺しは回避できたが、キリスト教徒は家族共ども政府によって捕縛され流罪となってその先々の藩で厳しい拷問を受けるなど幕府以上の弾圧を受け六百六十二名が死亡した。欧米諸国との関係でも大きな悪影響をもたらし、新政権の限界を露わにした。

神道以外の宗派は邪教とされて仏教も寺院や仏像の破壊を受けるなど　排撃の対象にされた（「廃仏棄釈《はいぶつきしゃく》」）。政府のお墨付きを得た反仏教の神職者らによって全国の寺院の多くが破壊されたり貴重な文化財が混乱の中で国外に流失し仏僧たちは職を追われた。

（三十四）〈賞典禄《しょうてんろく》〉

会津藩は敗戦により二十八万石を全て没収された。他にも仙台が六十三万石から二十八万石、二本松が十万石から五万石、藩主自ら脱藩して六十名で遊撃隊に参戦した林忠崇《ただたか》の請西《じょうざい》藩が一万石から三百石など総没収額は百八万三千石に上った。

明治二年（１８６９年）六月に戊辰戦争で戦功のあった者へ賞典禄《しょうてんろく》が授与されたが、その財源となったのは敗戦諸藩から奪い取ったものだった。賞典禄には三種があり、永世禄《えいせいろく》は無期限で子孫へも世襲できるものであったが、これの最高石を手にしたのは長州の毛利敬親《たかちか》父子と薩摩の島津久光父子で各十万石、さらに土佐の山内豊信父子が四万石と続いた。

西郷隆盛にも二千石が提示されたが、これは本人の意志により辞退された。大村益次郎・仁《にん》和寺宮嘉彰《なじのみやよしあき》親王が千五百石、吉井友実《ともざね》（薩摩）・伊地知正治・板垣退助が千石と続き、その他には本人一代のみに与えられる終身禄と有限の年限禄があり、これらの対象となった者は総数で四百十九名に上った。

前線で指揮を執った伊地知や板垣、山縣有朋が千から六百石であるのを基準にすると、中山忠能《ただやす》・中御門経之《なかみかどつねゆき》に千五百石を与える等、かつての不平公家らを厚遇し、総石数は九十万石を超え、これに二十万両の現金での賞典も加わった為に後に財政を圧迫する原因となった。女性として唯一人永世禄二十石を与えられたのは近衛《このえ》家において水戸藩や尊攘浪士との連結役を行い安政の大獄で幕府から捕縄も受けた津崎矩子《つざきのりこ》で、その後は郷里の北嵯峨（京都右京）に帰って余生を送った。

〈三十五〉〈諸隊反乱〉

文久三年（１８６３年）から長州では農商から僧侶まで様々な身分の者で構成された百以上の諸隊が創られ俸給と武器を支給されて最前線で活躍してきたが、平時に戻るとこれらの兵は余剰なものとなった。

明治二年（１８６９年）六月、土地と人民を朝廷に返還するという「版籍奉還《はんせきほうかん》」によって長州で最後の藩主となった毛利元徳《もとのり》は公家と同列の華族の一員となり藩知事を務めたが、収入減を理由に総勢五千余名から成るこれらの諸隊を半数以下で再編成し残った兵員を何の補償も無く整理する事にした。諸隊の兵員の多くは農民・商人・漁師・僧侶などからの出自《しゅつじ》であったが、再編の部隊に残る事になったのは士族出身者であった。

十二月六日、奇兵隊・鋭武隊・振武隊らの諸隊は上申書を藩に提出したが、その主な内容は薩長は徳川よりも劣っている、というもので、政権への非難文であった。

明治政府は民衆の味方ではなく、期待は裏切られたのである。藩主や木戸・広沢・大村・山縣らの幹部には破格の賞典禄がついたが、最前線で戦ってきた諸隊の兵には無けなしの行賞が出たのみで給料もピンはねされて幹部の「旅費」として使われていた。

上申書が出されて少し過ぎた頃から一揆が領内で頻発する中で、諸隊兵が身分によらない登用・腐敗幹部放逐の要求を掲げて挙兵した。

薩摩が干渉の動きを見せていてこの反乱が拡大すれば政権内で長州が凋落すると恐れた木戸は鎮圧を急いだ。

千二百名の反乱軍は十二月一日に山口を出て防府に陣を置き、ここに先に脱隊していた者たちも加わり一揆の農商や僧侶らの支持を得て藩権力との武力対決を鮮明にした。

年が明けて一月二十四日、反乱軍は元徳《もとのり》のいる藩庁を包囲して補給路を遮断し鎮圧にやって来た士族主体の干城隊《かんじょうたい》と交戦してこれを撃退した。

木戸は政府軍五百名を派兵し、これに藩兵三百名を入れて自ら鎮圧の指揮を執った。二月九日、小郡《おごおり》で戦闘となり藩側が一旦制圧したが、その後反撃し三田尻《みたじり》まで撤退させた。十一日、藩側が再び攻撃を開始すると火力で押されて歴戦の諸隊兵も優れた指揮官がおらず鎮圧された。一連の戦闘によって反乱側が六十名、藩側が二十名戦死した。その後は反乱に加わった者への処刑が相次ぎ、見せしめのために生まれ故郷まで連行し肉親らの目の前で斬首するか、小鯖《こさば》の柊《ひいらぎ》刑場で処刑して、井戸の中に放り投げて計百三十三名を体刑に処した。

この争乱を鎮圧する事によって木戸は全国全藩が軍事力を持つ事は不都合である事に気付き、この解決策として明治四年（１８７１年）の「廃藩置県」と翌年の男子満二十歳に達した者はことごとく兵籍に編入すると明示した「徴兵告諭《こくゆ》」を太政官《だいじょうかん》名で告示し後の徴兵令公布に繋げた。今までは幕府の模倣《もほう》であったが、ここに来てようやく中央集権の骨格が見えたことになる。

諸隊の反乱に影響を与えたのは「敬神堂《けいしんどう》」塾長の大楽源太郎《だいらくげんたろう》で、多数の門下生が反乱軍に参加していた。幕末に長州藩の藩論を握って無謀な行動に導いた攘夷派は桂・井上・伊藤らの開国派と大楽らの攘夷原理派に分れた。大楽は久坂玄瑞《げんずい》・高杉晋作らと行動を共にしていたが、新政府成立後も「攘夷」を主張し、木戸一派が「開国」に変節したことを容認する事ができなかった。大楽は明治四年になって攘夷派の公卿《くぎょう》や久留米の農商武混合の「応変隊《おうへんたい》」の同志らと共に東京の市街に火を放って混乱に乗じて天皇を拉致し京都に連れ帰り攘夷を決行するクーデター（「二卿《にきょう》事件」）を企てたが情報が事前に漏れて失敗に終わり、その後応変隊の穏健派によって殺害された。なお、二卿事件の中心となった攘夷派の公卿愛宕通旭《おたぎみちてる》と外山光輔《とやまみつすけ》の二名は切腹させられ三百三十九名が事件に関与したとして捕縄された。

（三十六）〈明治六年の政変と民権派の排除〉

幕末の政変を領導したのはイギリスで、自国の兵は一兵も傷付ける事無く日本の兵を使って前政権を倒した。外交官で対日工作を行ったミットフォードは「この動乱に西洋人が一役買っているのだが、明らかな理由があって、今までたいして注意されていなかったのである。しかし、それは実際には非常に重要な役割を果たしたのだ」、と自らの著書で公表した。これは後世の日本人に対してイギリスへの再評価を求めたものであるとも受け取れる。

同じく対日工作を行ったアーネスト・サトウは、新政権の顔触れについて「二名のプライム・ミニスターと……高貴の家柄の人形によって占められている官職があまりにも多く、実際の仕事は下僕がやるのだ。旧来の階級や優先権は事実上一掃されたわけなので、廷臣や地方貴族は役人の名簿から除かなければならぬと、私は考えざるを得なかった。これらの人物中には、一省の長官の地位を占めるにふさわしい者はほとんど一名もいないのだが、それにもかかわらず、これらの要職は貴族階級の者だけで占められ、平民は一人も選ばれることがなかったのである」（サトウの前著より、明治元年七月頃）。「革命」を主導したはずであったが、新政権の雛壇《ひなだん》に出て来た顔触れは、三条実美・岩倉具視をはじめとする公卿や大名であった事に違和感を隠せなかった。こういった人物をサトウは余り評価はしていなかったので、これについて大久保に質《ただ》すとその返事は、実務を担うのはその下僕である、という事であった。

二人のプライム・ミニスターの三条と岩倉は国内外の問題を指導者として解決していけるのかどうか、明治六年（1873年）になって試される時が来た。国内の流動化が続いている明治四年（1871年）十一月十二日に岩倉を特命全権大使とする総員百七名の使節団がアメリカ・ヨーロッパ諸国を目指す事になるが、この中には岩倉の他に大久保・木戸ら政権の中心的人物と、後に日本の貴重な人材となる人物が留学生として多数入っており、津田うめ（九歳）・永井繁子（十歳）・山川捨松《すてまつ》（十二歳）ら五名の女子も含まれていた。

使節団は出発にあたって大改革や高官人員の移動をしないなどの確約を残留政府から取った。

しかし使節団が出発する四ヶ月前に廃藩置県が施行《しこう》され、これに伴って様々な問題が派生してくると優良な人材が必要となり、江藤新平《しんぺい》（佐賀）・大木喬任《たかとう》（佐賀）・後藤象二郎（土佐）が参議に追加され「高官人事の凍結」という約束は破られた。使節団が出発して間も無い十二月十七日には台湾で琉球民殺害事件が発生し日本政府としての対応が迫られた。

年が明けて明治五年（1872年）二月に陸軍省・海軍省を設置、八月に学制の公布があり、十月に娼妓《しょうぎ》解放令を出して人身売買を禁じた。翌年一月に六鎮台を設置して徴兵令が出され、七月に入ると税収を安定させる為の地租改正条例が出され、様々な大改革が続いた。サンフランシスコで使節団は「日米修好通商条約」の本交渉を具申した森有札《ありのり》駐米少弁務使（公使・薩摩）の勧めを受けて軽率に交渉に入ったが、全権委任状も用意しておらず交渉は難行し、結果として航海は予定よりも倍近くの日数になり一年十ヶ月も過ぎて帰国する事になった。使節派遣の主な目的は不平等条約改正の予備交渉を行う事であったが、アメリカで七ヶ月を費やした本交渉は失敗に終わり出鼻を挫《くじ》かれて、これ以後は視察のみに変更された。行く先々の国でキリスト教徒弾圧への反発が強く、条約改正交渉の失敗もこれに起因するところが大きかった。

政府らしいまとまった動きをしていたのはここまでであるが、帰国するまでの間に日本を動かしていた政府は「留守政府」と呼ばれている。

公費を使っての船旅で互いの親睦にでもなれば甲斐も有るが、大久保と木戸の仲は一層疎遠になった事が知られている。同郷の手下の伊藤が大久保に接近し親密になったのを見て木戸が妬《ねた》んだという話しがよく知られていて帰りの船は別々だった。

これからイギリスで四ヶ月、フランスで二ヶ月、ここからドイツ・ロシア・イタリアなど全十二ヶ国を廻ったが重要な時期に莫大な経費を使って出掛けたため国内の世論は厳しいものとなっていた。

日本の政府を動かしていたのは太政大臣《だいじょうだいじん》の三条実美と参議の西郷隆盛で、江藤新平が司法卿《きょう》、大隈重信《しげのぶ》が大蔵卿、副島種臣《たねおみ》が外務卿、大木喬任《たかとう》が教部卿と、佐賀閥が活躍し特に司法卿《きょう》の江藤は冤罪《えんざい》の絶滅を目指し、官僚の横暴を戒《いまし》めて井上馨と山縣有朋による長州閥の汚職を追及し民権的政策を進めた。

海外視察から戻った木戸・伊藤らはこれに危機感を持ったが、この民権主義的な「留守政府」を見て特別な違和感を持ったのが大久保だった。大久保はヨーロッパ見学中の三月十五日新興のドイツ帝国に立ち寄り、国際秩序よりも鉄と血を信じ「鉄血宰相《さいしょう》」と呼ばれたビスマルクの歓迎を受けた。１８７１年1月にドイツ帝国が誕生すると工業を急発展させてイギリスに匹敵する軍事力を備え「力の論理」を前面に出してナポレオンⅢ世のフランスを孤立化させ、国内で民権議会勢力を駆逐《くちく》したのがビスマルクであったが、大久保はこのビスマルクに徒《ただ》ならぬ感服をして帰って来た。

ドイツ帝国の様な国権体制を構築する上で障害となるのが「留守政府」といわれる、本当は「真政府」の民権派の要員だった。民権派の担《かつ》ぐ神輿《みこし》に西郷が乗せられていると見て、まずは視察に出る前の薩長閥に戻そうと計画し、長州と迎合し、同郷の黒田清隆・吉井友実《ともざね》・西郷従《つぐ》道《みち》（隆盛の弟）らを取り込んで民権派排除を謀るが、残留の政府が採決を急いでいた西郷の朝鮮派遣問題はその為の槍玉に上げられた。

日本の政権が変わってから釜山《プサン》にあった対馬《つしま》藩との交易窓口の公社に朝鮮側の認可を受けずに「大日本公館」を設置して日本人が貿易をしている事に対して、朝鮮側が不当な行為であると抗議をしていた。

朝鮮の興宣大院君《こうせんだいいんくん》は鎖国・攘夷政策を採っていて、日本が欧化政策を採っている事に反発していた。

この問題を解決するため閣議で西郷隆盛を朝鮮へ使節として派遣する事が決定した。西郷は礼装でその任に当たる、という平和的交渉諭を主張し、表面的には紳士的外交に見えるが、攘夷の興宣大院君を挑発して自らが朝鮮で殺害される事を想定した〝捨石による出兵〟を内包していた。西郷はこの頃肥満などが原因でかなり体調を悪化させていて、我が身を捨てて、不平士族の目を国外へ向けさせようとしていた。しかしこれは必ずしも平和を装って謀略行為を起こすというものではなく、「西郷の二面性」と言われるものも関係しているのであるが、朝鮮と親身になって会談を行いロシアからの侵攻を防ぐ為に朝鮮・清・日本の三国が同盟し国交を行って行くという目的もあり、これが失敗したならば武力解決に進む、という二段階の論で、その為の調査要員も朝鮮に送っていた。西郷に対抗する様に、同じ薩摩藩出身で北海道開拓次官の黒田清隆が九月初めに樺太《カラフト》への出兵を建議した。三条は西郷に岩倉が視察から戻るまで朝鮮に行くのを待つ様にと指示を出したが、西郷は三条の優柔不断に焦燥した。

己むを得なく無った三条はベルリンにいた岩倉に木戸と大久保を連れて日本に戻る様に手紙を送った。その結果、大久保は翌年五月二十六日に、木戸は七月二十三日に帰ってきた。岩倉も九月中旬になって帰国したが、閣議は紛糾して何も決められず西郷はこれを非難した。

三条と岩倉は大蔵卿《きょう》に就いていた大久保を参議に起用する事によって西郷と対抗させようとする。大久保はこの二人の器《うつわ》が小さい事を見抜いていたが伊藤博文と副島種臣《たねおみ》の二人も起用する事を条件にこれに同意した。大久保にとっては岩倉・三条と組む事によって、精忠組以来の同志であり兄弟の様な関係でもあった西郷との対決を覚悟する事になる。西郷周辺の者による自分への襲撃を確信した遺書の手紙を留学中の二人の息子に書いた。

十月十四日の閣議に出席したのは三条実美の他右大臣《うだいじん》の岩倉具視、参議の西郷・板垣・大隈・後藤・大木・江藤・大久保・副島で、木戸は江藤ら新任の参議の解任を求めていて病気を理由にして参議復帰を拒否した。

西郷は既決されている使節としての朝鮮派遣を認める様に要求、これに対して岩倉が樺太《カラフト》問題を先決すべき、と対抗、内通していた大久保が朝鮮への使節派遣は戦争に直結する、と西郷を非難した。

ここで江藤が、交渉が平和裏《へいわり》に実を結ぶ可能性があると指摘、西郷を援護した。すると大久保が「海外視察中に朝鮮派遣を決定したのは卑怯《ひきょう》だ」と西郷らを責め、これに対し西郷は卑怯者はどちらだと、議題が幾重にも山積しているのに国を抜け出して海外に行った視察組を非難した。実際に卑怯者呼ばわりされる様な理由は何も無く、世論から非難を受けていたのは視察組であったが、これが精忠組が事実上分解する場面である。感情的な激しい応酬となり西郷が押し切った形で使節派遣が再決定されたがこの後岩倉と大久保は辞表を提出した。

西郷は決定内容を天皇に上奏《じょうそう》する様に三条に釘を刺したが、三条はその後精神的不調を訴え太政大臣《だいじょうだいじん》の任を空ける事になった。

太政大臣は朝廷内では天皇以外で最も位の高い官職で、天皇を直接補佐する役を担った。大久保はこの空白に岩倉を代理として入れようとして宮内少輔《くないしょうほ》の吉井友実《よしいともざね》を使って天皇に働きかけを行いこれが認められた。

三条の代理となった岩倉は閣議決定の内容を睦仁《むつひと》天皇（十九歳）に上奏《じょうそう》はしたが、否定的な見解を多々入れて閣議決定を却下する方向に導いた。

大久保・岩倉の隠密裏の工作によって閣議決定は否認され、天皇の内閣不信任により規則によって参議全員が辞表を提出するが、西郷・江藤・後藤・板垣ら西郷と胸中を同じくする参議の辞表は受理し、他の者の辞表は受理しないというふるい分けを行って西郷支持派を排除した。

（三十六）〈明治六年の政変と民権派の排除〉

この政争によって利を受ける事になったのは山縣有朋・井上馨・槇村正直《まきむらまさなお》らの長州閥で、山城屋和助《わすけ》事件・三谷三九郎事件・尾去沢銅山事件など相次ぐ汚職事件の追及を免れる結果となった。明治六年の政変は視察中に影響力を失った岩倉・大久保らが復権を謀ったもので征韓論者と言われる使節派遣賛成派の排除の裏で民権派の排除が行われたという事実が隠されてしまった。

大久保はその後内務省を設置して自ら内務卿《きょう》に就任し国権主義体制を確立した。西郷は政権に見切りをつけて退去するが、これに従い組織の基礎となる官僚・士官・軍人ら六百名余りが職を辞して国元へ帰った。

これに関してパークスは本国の外務大臣へ「新政府が分裂した」という報告書を送った。

（三十七）〈佐賀の乱と秩禄《ちつろく》処分〉

明治七年（1874年）一月十四日の夜八時近くに、赤坂の仮皇居での公務を終えた岩倉具視が従者が操《あやつ》る馬車に乗って自宅へ帰ろうとして喰違見附《くいちがいみつけ》近くに来た所で突然に襲撃された。これを実行した九名は土佐の出身で元は軍人や官僚だったが明治六年の政変によって西郷や板垣らが下野《げや》したのに従って職を辞していた。従者は馬車から飛び降りて走り去り、岩倉は顔や腰を切られながら下の濠へ転げ落ちてじっとしていると、士族らは絶命したと見て退ち去った。

捜索が進み士族らは捕縄された後に斬罪となったが、この襲撃事件はその後に引き続いて起こる争乱の前兆だった。

職を辞した士族が故郷へ帰ると言う事は、火の粉が地方に飛んで大火となる危険を孕《はら》んでいた。火元は民権派・復古派双方にあった。

同じ年、佐賀で士族の不満が高まると島義勇《よしたけ》は上位士族の集まる「憂国党」の首領に担ぎ上げられた。島は佐賀の軍監として奥羽で戊辰戦を戦った後に北海道開拓使判官《はんがん》に任命されて札幌の都市建設に尽力したが上官の東久世《ひがしくぜ》通禧《みちとみ》と対立し解任された。

その後秋田県初代権令《ごんれい》に就いたが中央専制に馴染《なじ》めず退任していた。

明治七年（１８７４年）、横暴なことで知られていた岩村精一郎（土佐）が佐賀県の権令《ごんれい》（知事）に就く事を知り、この着任を阻止しようとして前年の政変で佐賀に下野して下級の士族を統率《とうそつ》していた「征韓党」代表の江藤新平と会談し協力関係を築いた。江藤は鹿児島にいる西郷に使者を送って同時決起を促したが西郷は同意しなかった。

佐賀士族の動きが活発になるのを見て政府は一月中旬から探索の要員を送り込んでいたが、二月一日に憂国党員が官金を扱う小野組の建物に入り込んで騒ぎになり、熊本鎮台に内務省から出動命令が電信で届き、海陸から佐賀に向かった。

岩村は県庁の佐賀城に入るため先に鎮台から海路で向かった部隊に合流し、十五日に入城した。その前日には大久保利通が東京鎮台の兵を率いて横浜を出航していて岩村の就任が適確か否かに関わらず中央集権国家を創り上げる為に引き下がる事の出来ないものであり、全権を握っての出動だった。

佐賀の勢力は征韓党が千五百名、憂国党が三千五百名で他の応援の者も入って一万名程になり、この日の夜に城を包囲した後に砲撃し交戦状態となった。争乱が飛火するのを恐れた政府は新聞の争乱についての記載を禁止した。「留守政府」の頃に東京日日《にちにち》新聞・郵便報知新聞等の日刊紙が続々と発刊され政府から保護されて御用新聞化したものが多かったが、次第に政府に批判的な論調が強くなっていた。

城内の鎮台兵は前年に施行された徴兵令による召集の兵で、前装式ライフル（エンピール銃）を装備して善戦していたが、暫《しばら》くすると弾丸の補給が不可能となり、岩村は十八日に城外への強行脱出を決めた。この脱出する際の戦闘で岩村を護衛していた三百三十二名中の百三十七名が戦死し多数が負傷した。

応援の官軍兵を迎え撃つ態勢をとっていた佐賀勢力は二十二日に朝日山でこれを迎撃し、夜になってからも襲撃をかけ、筑後川の向こうまで敗退させた。翌日も政府軍を挟撃し児玉源太《げんた》郎《ろう》（大尉・徳山）に重傷を負わせるなどの打撃を与えたが長崎街道沿いの田手《たで》で指揮を執っていた江藤の部隊は苦境に陥っていて憂国党の同意を得ないで部隊を解散し鹿児島を経由して土佐へと向かったところで捕縄された。

二十七日、官軍は境原《さかいばる》を占領したが佐賀勢が暗くなってから一千名規模での攻撃を行った。ここで討死覚悟の島を説得して鹿児島の久光の元に仲介を依頼する為に向かわせたが捕縄されてしまった。無人となった佐賀城には三月一日に大久保が入城した。一連の戦闘で官軍側は二百九名、佐賀側は百七十三名が戦死した。

島と江藤は佐賀に送還され臨時裁判所で裁判が行われた。予《あらかじ》め大久保と岩村はこの二名を晒《さら》し首、他の幹部十一名を斬首にすると内通していて釈明の機会を与えずに十三日に判決が出てその日に処刑が行われ、二名の首は千人塚に晒《さら》された。三条と岩倉は早くから大久保に帰京を要請していたがこれに応じずに江藤の首を自分の目で確かめるため佐賀に踏み留まっていた。この日は大久保にとって特別に晴れ晴れしい日であった。江藤の首を見た大久保はこの日の日記に「醜態《しゅうたい》を見て笑いが止まらなかった」と記している。

晒《さら》し首は斬首した後に三日間その首を衆目《しゅうもく》の下に置くもので、財産も没収し弔《とむら》いも禁止された。明治三年（１８７０年）と六年（１８７３年）に法が改定されて、この刑の対象とされるのは身内関係者に対する殺人のみに限定する、とした。大久保は自ら法を破って江藤と島を晒し首にした事になる。

判決が出た当日に急いで処刑したのは江藤と同郷の大木喬任《たかとう》（参議）が助命嘆願《たんがん》を起こし特赦を認めるという天皇の裁可が出ていたためで、これを伝える使者が来る前に始末をする為であった。海外視察に出掛けていた間に司法卿に就き民権策を進め、閣議で論破され、佐賀に帰京した理論家の江藤の存在を許す事が出来ずに権力を私物化してこれを葬《ほうむ》ったのである。事態を静観していたパークスもこれについて、大久保の個人的な感情による復讐的な処刑であると指摘している。

これによって大久保は強権政治に自信を持つ事になった。この乱の鎮圧後は新聞や書籍による政府批判を禁じる「讒謗律《ざんぼうりつ》」を制定して多くの者を逮捕し懲役刑に処した。

「版籍奉還《はんせきほうかん》」で藩主から土地と人民を朝廷に返させ「廃藩置県」で県令（知事）が配置されたが、士族にはそのまま政府から家禄（給与）が支給されていた。しかし家禄としての政府支出額は総支出の四割を占めて大きな重荷となっていた。明治六年一月に制定された「徴兵令」は満二十歳になった者に三年間軍務に従わせるというものだったが、これにより士族の存在そのものが問われる事になった。徳川排除の主力となったのは士族であったが、皮肉にもそれが自らの墓穴を掘る事になりかねない状況が近付いていた。

　政府は家禄を廃止する方向で検討に入っていたが、猛反発が予想されたのでその善後策として「秩禄奉還《ちつろくほうかん》の法」を制定した。これは希望者に士族としての解約金を支払い、その後は家禄の権利を失う、というものだった。実際に得られるのは今までの六年分の手当てで、その半額は現金で、残りは公債《こうさい》を発行し七年以内に元金を返債し、その間は利子を払う、というものだった。

　これに三割程の士族が応じたが、利息は低かったので手にした公債証は主要地にある銀行で現金化され、しばらくすると政府の資金が枯渇し二年後にこの法は廃止となった。

　これまでに士族の反発への対策として版籍奉還の際に藩主を公家と同格の「華族」として、さらに廃藩置県の際に東京にこれを移住させ政府から家禄を与えて優遇し、主従の関係を分断させていた。

　明治九年（１８７６年）三月に「廃刀令」を施行《しこう》し士族の武装解除を行った上で同年八月に「秩禄処分《ちつろくしょぶん》」を策定した。これは強制的に行うもので、士分に応じて五年から十四年分に当たる解約金を金禄として、三十年内で支払い、実際に現金を手にするまでの間は禄に応じた利息を支払う、というものだったが、利息だけでは生活はできず現金はすぐに無くなった。解約金を猶予している証明として「金禄公債証書《きんろくこうさいしょうしょ》」を手渡されたが、この証書を銀行が換金したのでほとんどの士族がこれによって現金化して当面の生活費にあてた。この「秩禄処分《ちつろく》」によって士族は世襲の武士としての権利を失った。この様な渦中で起きた佐賀の乱は不平士族の起こした最初の反乱であったが、鹿児島や土佐と結んでの一大反乱となる事を希求しながらも、単発の蜂起で鎮圧された。徴兵令により徴集され訓練を受けた部隊は軍隊としての適性が初めて試された。兵員は馴れない靴を履き輸送船に乗って戦地まで手早く移動したが、これを決定付けたのが電信で、これによって司令と戦況報告が瞬時に行われる様になった。

(三十八)〈台湾出兵と新興財閥〉

台湾では1624年からオランダが東インド会社を使って漢民族と十六の先住民族の対立を利用して植民地支配していたが、大陸側の明《みん》政権はこれを看過していた。

1636年に明から清政権に変わるとこれに反発する鄭成功《ていせいこう》がオランダを放逐《ほうちく》して清と対決したが後に内紛が発生したのが原因となって清に敗れた。清政府は台湾に府庁舎を設置して1

684年に公式に領有を主張したが、法の施行《しこう》は各民族までは行き届いていなかった。漢族の移入民と先住民族を「封山令」によって遮断しようとしたが、民族の間では争いが起き始めていた。こうした中で南部の山地で粟《あわ》やタロイモを主食としていた、原住民族の中で二番目に多いパイワン族の居住区で事件が起こった。

宮古島の島民が乗った船が難破し台湾南部の沿岸に漂着して六十六名が上陸し山中に入ったところパイワン族に鉢合わせして捕えられた。パイワン族は彼等に食糧を与えていたが不安が募り逃走を試みたところ十二名は集落から逃れたが残りの五十四名は興奮した村人に捕まって首を刎ねられた。（宮古島島民遭難事件　1871年《明治四年》十二月十二日）

この事件が起こる年の七月に「日清修好条規」が調印され両国に領事を置いて相互に侵越しない、と決められていた。事件が起きた時に政府を預かっていたのは三条・西郷らの「留守政府」で、海外視察組との間には戦争を含む、「大規模な改革」は行わない、という取り決めがあったが、琉球と宮古島を統轄下に置いていた鹿児島では報復の機運が高まり県令大山綱良は政府に対して出兵の要請をした。

政府は清国に事件についての賠償を求めたが、琉球は清の従属国でここの島民が台湾の原住民に殺害されたのは清の国内問題である、という回答しか得られなかった。

清国は西太后《せいたいこう》の下で李鴻章《りこうしょう》らによって洋務《ようむ》運動が開始されドイツ帝国から鉄甲艦を購入するなど近代的軍建設にとりかかったばかりだった。海外から戻って来た岩倉らは内治を優先して海外への出兵には反対したが、大山や樺山資紀《かばやますけのり》（陸軍少佐・薩摩）は台湾への出兵を主張、西郷は対韓、黒田清隆は対露を主張し混沌《こんとん》の中で政府は分裂した。佐賀の乱を鎮圧した後も国内は政情不安定に陥っていて、内治優先のはずの内務卿の大久保は世論を外に向かわせる為に台湾への出兵を決めた。

宮古島を含む琉球諸島は清と日本との両属関係にあった。慶長十四年（１６０９年）に島津家久《いえひさ》の三千名の薩摩軍勢が琉球に侵攻して統制下に置いたが、明と清に対してはそのまま冊《さく》封《ほう》・朝貢《ちょうこう》の従属の関係を続け明治になって廃藩置県の後もこれは変わらず続いていた。

西郷従道《つぐみち》は隆盛の十六歳下の実弟で、兄の影響を受けて精忠組に加入し寺田屋事件の際には投降せずに斬られた精忠組の中でも攘夷色の強い有馬新七らと行動を共にしていたが、十八歳の若年であった為に帰藩させられて謹慎処分を受けた。その後薩英戦争が起きると西瓜《すいか》売りに変装した決死隊の一員として参戦した。早くから両親と死別し隆盛は親の様な、大久保は兄弟の様な間柄で、この頃には陸軍中将《ちゅうじょう》に就いていて大久保の信頼は厚かった。明治六年の政変で政府側に残ったが、下野した鹿児島士族らとも関係を保っていた。

佐賀の乱を鎮圧してまだ二ヶ月もたっていない明治七年（1874年）四月五日、総大将に西郷従道を任命して長崎に海軍の艦艇二隻と歩兵、陸軍からも砲兵と歩兵の他に鹿児島で補充した士族八百名の総計三千六百名を集結させて出撃態勢をとった。しかしイギリス・アメリカと共に長州が猛反対した為、政府は急遽出兵の中止を決定、四月二十九日に大久保は中止命令を伝える為に使者を長崎に送るが西郷従道は独断によって使いの者が長崎に着く一日前の五月二日に出兵を強行した。

六日に台湾南部に上陸し、パイワン族の掃討戦に入り翌月三日までに居住区の牡丹社《ぼたんしゃ》（村）を占領し首長父子を処刑した。

政府は出兵を追認し、これが明治政府初めての海外への出兵となった。清国政府には賠償に応じる様に要求し、これが確認できたら撤兵すると通知したが、清は日本の出兵は修好条規違反であると抗議し一万名の兵を台湾に派兵した。

八月六日、清政府との交渉の為に大久保は清国に向かうが国内には政情不安が有り、留守を預かる岩倉・三条は後ろ向きだった。九月十四日と十九日の交渉で島民殺害事件での清国政府の責任の所在を認める様に要求したが返答は得られなかった。清国は時が経てば日本の政情不安に火が付いて撤兵を余儀無くされるのを見込んでいた。十月五日に大久保は交渉が進まないことに憤慨して帰国を告げたが、清政府は引き留めようともしなかった。

日本兵は牡丹社《ぼたんしゃ》の占領を続けていたが、ここでは想定もできない事が起こっていた。掃討戦による戦死はパイワン族側が三十名、日本側が十二名であったが、日本側の生存兵のほとんどがマラリア原虫を媒介するハマダラ蚊に刺されて、免疫を持たない為に高熱・腹痛を起こしてその中の多くが死に至った。救援の漢方医・西欧医の医師も対処出来ずに次々と倒れて総計五百三十一名が死亡した。

大久保は十月十四日に北京のイギリス領事館公使のトーマス・ウェードを訪ねて懲罰の為の行動であり賠償金を支払えば撤兵する事を説明すると、紛争による貿易の損失を憂慮し仲裁に入った。賠償金の要求額は二百万両であったがウェードの仲裁により、宮古島島民の遺族への見舞い金として十万両と台湾上陸にかかった諸費用として四十万両の合計五十万両を支払い、十二月二十日迄に軍を台湾から撤退させる事で合意が成立した。

賠償金は戦費の一割にも足りないものであったがウェードの仲介が無ければ交渉は水泡に帰すところであった。大久保は十一月二十七日に横浜に帰港し手探りの交渉に胸を撫で下ろした。

清国が日本軍による懲罰を認めた事は結果として宮古島島民（琉球民）が日本の領民である

事を認める事になった。翌年（明治八年）に政府は琉球に対して清国への冊封《さくほう》・朝貢《ちょうこう》を廃止する様に指令を出した。

この出兵により清国・イギリス等との関係は悪化に向かい、幕末から横浜に駐屯していたイギリス・フランスの部隊も撤退する事を決めた。初めての海外への出兵はパークスが猛反対する中で、イギリスからの束縛を取り除く意図もあったが、これを独断で強行した西郷従道の行動は大久保の土壇場での追認と外交交渉によって補完され、軍令違反に問われる事も無く明治九年（１８７６年）二月、この軍事行動により勲一等旭日大綬章《きょくじつだいじゅしょう》を受ける事になった。軍が独自の判断で行動を起こし政府がこれを追認して行くという前例をつくり、昭和初期になってこれが繰り返される事になる。

台湾への兵員の輸送には岩崎弥太郎《やたろう》の三菱商会が一役買った。土佐藩が所有していた船を買い取って起業したのだが、当初は外国船をチャーターする予定であったがイギリスとアメリカが反対に動いた為により全て拒否され、代替策《だいたい》として「孟春《もうしゅん》」と「雲揚《うんよう》」の二艦の大型軍船の操船を三菱に委託した。これを契機にして政府の庇護下で軍の輸送や定期航路・貿易・造船業などを開設して海外の業者に取って替り、新興の三菱財閥を形成する下地をつくった。

（三十九）〈「廃刀令」への反発〉

明治を迎えた熊本（肥後）には実学党、学校党、敬神《けいしん》党の勢力があったが、藩権を握ったのは横井小楠《しょうなん》らが起党した下層の氏族が中心の革新的な実学党で、細川護久《もりひさ》県令の下で洋学校を建設するなど大胆な改革を進めていたが、これが急進過ぎるとして政府は細川の代わりに融和的な安岡良亮《りょうすけ》（土佐）を県令に配置した。

敬神党は神道《しんとう》の信奉者の集団で「神風連《しんぷうれん》」とも呼ばれ長剣を帯《お》びた礼儀正しい神職らで構成された攘夷復古派で、勤王派として周囲から信頼された太田黒伴雄《おおたぐろともお》がまとめ役となって明治政府の西欧化政策を非難していた。

明治四年（1871年）に「散髪脱刀令」が発布されて髷《まげ》を結わず帯刀もしなくても構わないという事になったが、これは士族の反発を和らげる為の前座だった。巡査が配置され徴兵令が制定されると士族の役割が否定される様になり、明治八年（1875年）には山縣有朋が「廃刀令」を上申し翌年三月に発布された。

「廃刀令」で士族の魂を骨抜きにされたとして激憤した敬神党は同年十月二十四日の深夜に刀

槍を手にした百七十名で県令安岡良亮《りょうすけ》宅や鎮台司令官種田政明《たねだまさあき》（薩摩・陸軍少佐）宅等を襲撃し、この二名に死に至る重傷を負わせ、他に居合わせた県庁役人・警官・軍人・書生・など計十一名を殺傷した。そこからさらに熊本鎮台（熊本城）へ向かい、出て来た官兵を次々に殺害して占拠した。翌日に鎮台が反撃を開始すると党員は次々と銃撃されて死亡、太田黒も胸に銃弾を受けた後介錯され部隊は城から退去するがこの後多くの者が喉に刀を突き刺すなどして自害し、百二十四名が死亡した。鎮台側の戦死者も六十名、負傷者が二百余名に上ったこの乱は「敬神党（神風連）の乱」と呼ばれている。

（四十）〈秋月《あきづき》の乱・最後の仇討ち〉

秋月藩（福岡県朝倉）は寛永元年（１６２４年）黒田長政筑前《ながまさちくぜん》藩主の三男であった長興《ながおき》が五万石を分封されて十二代の長徳《ながのり》の時に幕末を迎え戊辰戦争には二百名を出兵させた。

明治になると軍の洋式化を進めようとした家老臼井亘理《うすいわたり》に憎悪を抱いていた上士集団の「干《かん》城隊《じょうたい》」の山本克己《かつみ》ら二名が五月二十三日の夜、臼井が家で寝入ったところを狙って斬殺し傍《かたわ》らにいた妻も殺害した。

　藩の裁判では干城隊の首領が裁定役となり殺害は正当と判決、これに追い討ちをかける様に臼井家の五十石減封を命じた。

　干城隊は攘夷原理派であったが、後に藩内の不平士族を糾合して「秋月党《あきづきとう》」を結成し、山本らに臼井殺害を示唆《しさ》した今村百八郎はこの党の総大将に就いた。

　熊本の神風連が決起するとその三日後の十月二十七日、これに呼応して秋月党の四百名が挙兵した。攻撃の目標としたのは歩兵が置かれている小倉鎮台で、小倉（豊津）の士族に呼び掛けて山口で挙兵する予定の前原一誠の部隊と合流する計画だった。火縄銃・大砲で武装し豊津まで糧食を徴発しながら進んだが、警戒の巡査によって動向が把握されていて中央から電信で鎮台へ出動の指令が出されていた。二十九日の夕刻、及木希典《のぎまれすけ》（長州）連隊長の指揮する部隊とこれに賛同した豊津士族に挟撃されて応戦し、十七名が戦死、負傷者多数と百五十名の捕虜を出して壊滅状態となり、幹部の宮崎哲之助ら七名が責任を取って自刃した。十一月一日の深夜になって二十数名の残党が秋月に戻り政府の「秋月党討伐本部」にいた県の高官二名を殺害した後に投降や自刃をした。後に開かれた裁判では宮崎車之助《しゃのすけ》と今村百八郎の首謀者二名を斬首刑にした他十九名を懲役刑に処した。

明治元年に自宅で両親を斬殺された臼井亘理《わたり》の当時十一歳の長男六郎《ろくろう》は翌日に父母の無残な姿を見て仇討《あだうち》を決意した。ある者からの捨て文により殺害したのは干城隊の山本克己らである事が分った。仇討は加害者が行方《ゆくえ》知らずになった時に奉行《ぶぎょう》に代わって罰を加える事ができる制度で、特に武家の当主が殺害された時は家名を継ぐ為にその家の長男が行うのが慣例だった。

六郎は父の小刀を懐に入れて東京に出たが明治六年（1873年）二月に江藤新平の下で「仇討ち禁止令」が制定された。明治十三年（1880年）、旧藩関係者から山本が東京の上等裁判所に勤務している事を突き止めて十二月半《なか》ば近くに銀座で歩いている山本を見つけた。同月十七日、旧秋月藩主の銀座にある邸内の事務方の棟に入った山本を確認、すぐに外に出ようとしたところを、覚悟しろ、と言って父の形見の小刀で胸を突き刺した。

六郎はこの時二十三歳、仇討を決意してから十三年が過ぎていた。仇討成就《じょうじゅ》の知らせが故郷の秋月に届くと親戚ら総出での大喝采となり、最後の仇討ちとなった六郎の行為は世論からも賞賛を受けた。その後裁判により終身刑となったが、明治二十二年（1889年）の帝国憲法発布の特赦により釈放され周囲の者に労をねぎらわれた。

（四十一）〈長州温情派の反旗――萩《はぎ》の乱〉

前原一誠《いっせい》は大村益次郎が死亡した後に軍最高の兵部大輔《ひょうぶたいふ》に就いていたが、大村が進めた徴兵制を認めることができず、明治二年（１８６９年）に長州で起きた諸隊反乱への政府の惨《むご》い対処にも強い憤りをもっていた。その結果、木戸孝允《たかよし》と対立して明治三年（１８７０年）にこの職を辞して故郷の萩に戻った。

会津戦争の際には松平容保《かたもり》の助命を働きかけるなど会津側に同情的で、その後越後《えちご》（新潟）府判事に就いていた時は貧困に苦しむ農民の年貢を半分にするなど、以前高杉晋作や久坂玄瑞《げんずい》らと肩を並べた即刻攘夷派の中では人情を持つ人物だった。

萩では各地の士族とも接触していてその行動は常に密偵を通じて木戸の監視下に置かれていたが明治九年（１８７６年）十月二十七日、士族の救済のため明倫館を拠点として同志を募《つの》った。県庁を占拠して代表を天皇の元に届け救済を直訴し、さらに君側《くんそく》の奸《かん》を除くよう訴える計画だった。

前原の補佐役となったのが朋友の奥平謙輔《おくだいらけんすけ》で、戊辰戦争後は越後府の権判事《ごんはんじ》（裁判官）として佐渡に渡ったが、政府と意見が合わずに明治二年八月に職を辞して故郷に戻っていた。会津の秋月悌次郎《ていじろう》とは昌平坂学問所での旧知の友人で会津と長州を結ぶ通路となり、山口のみならず会津でも信頼を得ていた。

二十八日、前原を首領とする士族三百五十名が敬神党と秋月党に呼応し「殉国軍《じゅんこくぐん》」を結成し挙兵した。これには倒幕の原動力の一つとなった松下村塾《しょうかそん》関係の多数も参入した。事前に情報が漏れて県庁占拠に失敗し、武器・弾薬も木戸の部下によって池の中に投げ入れられてしまったが市場を占拠して兵糧を確保した。二十九日、東京でこれに呼応する動きが起こった。会津降伏後の謹慎中に前原と交友を持った永岡久茂《ひさしげ》旧会津藩士ら十四名が電信によって萩での挙兵を知ると、千葉県庁を襲撃し萩の挙兵を陽動しようとして船を出す直前に巡査隊が急行して来て斬り合いとなり、二名を斬り倒したが数名が捕縄されてしまい、永岡はこの時に受けた傷が悪化し獄中で死亡、他の三名が斬首刑となった（思案橋《しあんばし》事件）。

殉国軍は三十一日に橋本町周辺で市街戦を展開したが、政府は広島鎮台兵と軍艦を派遣し鎮圧にあたり十一月六日に死傷者七十七名と民家など六十八軒の焼失を出してこれを制圧した。前原・奥平ら五名は直訴隊として船で天皇の元へと向かったが、海が荒れて島根の宇竜《うりゅう》に寄った所を通報されて捕縄された。松下村塾を創立し塾頭を務めていた玉木文之進《たまきぶんのしん》は責任を負って自刃し文之進の養子の玉木正誼《まさよし》、松蔭の甥《おい》の吉田小太郎は戦死した。十二月三日の判決で前原・奥平ら首謀八名に斬首が言い渡され即日決行された他六十四名に懲役が言い渡された。

(四十二) 〈西南戦争・中央集権確立への内戦〉

前述の通りアーネスト・サトウは慶応二年(1866年)四月に『ジャパン・タイムズ』紙上で「英国策論」を発表した。その内容は、「徳川幕府は日本全国を支配する権力を有さない」と、長州と薩摩を引き合いに出して非難し内政干渉するものであったが、サトウの言う「革命」から十年になっても鹿児島は自治政府ともいうべき地方権力を維持していた。先頭に立って倒幕を推し進めた勢力が中央権力の殻を破って再び鹿児島に戻り、政府の意向を無視して軍事の練度を高めていたのである。

秋田戦線で薩摩兵を率いて苦戦を強いられた大山綱吉は戦後は地元に戻り廃藩置県後も県令(知事)として特例的にその座に居座り続け、島津久光の意向を汲んで権力の中枢にいた西郷・大久保を非難していたが、明治六年の政変によって西郷らが鹿児島に戻ると態度を一変させてこれらを援助する方向に廻り、私学校の設立にも協力して主な者を官吏《かんり》（県職）に採用した。一方で明治政府に対しては要人の蓄財腐敗を非難し、租税を納めず、人事にも従わなかった。さらに士族の子弟に対して独自の軍事教練を行い独立国的政策をとって挑発した。これがイギリスと組んで倒幕を主導した鹿児島のその後の実態であった。

私学校は在郷士族の子弟たちに教育と訓練の場を与える為に戊辰戦争での賞典禄《しょうてんろく》を出し合って幼年学校を設立し、引き続き銃隊・砲隊学校を県費で設立した。授業は論語・漢文・軍事教練が主であったが敬神党や秋月党の様な攘夷主義とは相容れず外国人教師を呼んで講義をさせるなど西欧文化も取り入れる教育方針で、分教場も数えると百校以上になって学校の関係者が地域の行政や県政を動かす様になり「私学校党《しがっこうとう》」と呼ばれる様になった。この勢力の首領《しゅりょう》は西郷で、近い将来の海外勢力との戦乱に鹿児島で訓練を積んだ部隊を投入するという発案で、その最大の仮想敵国はロシアであった。西郷は政府の中央に座した者たちが私欲による蓄財に耽《ふけ》っているのを見てこれを強く非難していた。

政府軍の主力銃はスナイドル銃であったが、その弾丸は鹿児島で製造されていて私学校党は中央政権に対して強みを持っていた。明治九年（１８７６年）、萩の乱を鎮圧した長州は内務卿の大久保利通に対して鹿児島の県政を変える様に強く迫った。中央集権の国威を形成する為には大久保にとっても鹿児島は地元とはいえ看過できない存在となっていた。

　年が明けて一月中旬、薩摩出身で警視庁大警視の川路利良《かわじとしよし》は大久保の指示で同じ薩摩出身の警視庁同僚である中原尚雄《なおお》ら二十四名を鹿児島に送り込んで私学校党切り崩しの為の聴取を行って挑発した。さらに内閣顧問の木戸の命令を受けた陸軍が三菱の蒸気船を使って弾丸製造機械や大量の弾薬を夜間に工場から持ち出した。これに気付いた私学校の生徒らは二月二日までの間に陸軍の他の武器庫に押し入って残っていた武器と弾薬を確保した。三日、鹿児島に入っていた調査団の中の多数を捕らえてその目的を質《ただ》す為に中原に拷問を加え、川路から西郷暗殺の指示を受けた、という自白書を得た。上に辿《たど》れば中原から川路、その上に大久保という事になり、鉾《ほこ》先は政府に向かった。

　実際のところ川路が警官らに与えた指示は以下の内容について調査せよという事だった。㈠兵力の総数㈡軍資金㈢輸送船の数㈣どの様な策を持っているか㈤最新の動向。後の政府軍の出兵の際にも岩倉が電報を使って西郷は生存させよと命じており、官軍が戦闘中に西郷への致命的な狙撃を控える場面もあって「西郷暗殺」を裏付けるものは無い。明治天皇と忖度《そんたく》無く接して馴《な》れ親しんだ西郷を暗殺する事は深刻な悪影響をもたらす恐れがあった。結果から見れば政権側の挑発に学校党が乗ってしまった事になる。体調を良くする為の運動と趣味を兼ねたうさぎ狩りで大隅《おおすみ》に遠出していた西郷に急便を出して連れ戻すと西郷は幹部らを自宅に集めてそれまでに無い大声を出して叱責《しっせき》したが既に鹿児島は興奮の中にあって制止は困難な情況になっていた。幹部の桐野利秋《としあき》が、若年の軽率《けいそつ》が端緒であるがこうとなっては決断あるのみ、と言うと「身柄は預けもした」と死生を共にする事を決めた。五日に学校や警察・県職の代表など二百余名で評議が開かれ、元陸軍少佐で西郷と共に下野した後加治木《かじき》など四地域の区長を務めていた別府晋介《しんすけ》が挙兵を訴えると桐野が「他に道無し」とこれを補完し圧倒した。政権を驚愕させてやろうと西郷も戦う意志を示したが、これ以後は多数の護衛に囲まれて言動も制限される様になった。イギリスに一時帰国して戻ったばかりのサトウはパークスの命で鹿児島に向かい出陣直前の西郷に会ったが話しはほとんどできず、明治天皇は鹿児島が挙兵する事を聞くと悲嘆して内向き状態になった。島津久光は政権に仮借無い守旧派として地元に残って固定の権勢を維持していたが挙兵を知ると不戦の立場を表明して桜島に退避した。

　作戦会議では東京を急襲するべきであるという意見も出たが輸送船が足りず退《しりぞ》けられ、勢力を二つに分けて一隊は熊本鎮台を包囲し本隊が陸路で東京へ向かう、という事が決まった。

　明治六年の政変で下野して以来度重なる誘いにも乗らず組織化と練度を高めてきた私学校軍の志気は頗《すこぶ》る高く、今までの士族反乱とは破格の差があった。各学校は兵舎に変わり志願兵も多数現われた。

二月十四日午前七時、熊本鎮台（熊本城）へ向けて別府の率いる三百名が先鋒隊《せんぽうたい》として出発、翌日に四千名の本隊が積雪を踏み締めてこれに続いた。その二日後に西郷を護衛しながら桐野の率いる隊が出発、ここには西郷の愛犬二匹も入っていた。これで一万六千名が出兵したが、軍律としては特に酒を禁止し、服装は前職で着用していた制服や背広・袴《はかま》などまちまちで銃をかついで刀を腰に差し草鞋《わらじ》を履いていた。

反乱制圧の経験を積んで来た政府は対応が速く、二月十一日には警視隊六百名が横浜港から九州に向けて出航していたが、学校党出兵の報が電信で届くと十九日に正式に出兵を決定し、警視隊部隊と陸軍旅団を川路利良《としよし》が率いて九州方面へ向かった。

この争乱の構図は、中央で権力を握った薩摩閥と反政府に廻った薩摩勢力との確執という側面を持っていたが、戊辰戦争の切っ掛けをつくった西郷隆盛との決着をつけたい奥羽士族は、この戦争で政府に利用される事を覚悟の上で臨時徴募に応じた。

鹿児島の軍勢が出発した翌日頃から熊本城下は戦火から逃れようとする人々で大混乱になっていたが十九日正午近くに熊本城内で火災が発生し官軍兵の一ヶ月分の食糧が焼け、城下へと飛び火して民家一千軒が燃え尽きた。熊本士族らが潜入し放火した、内部の同調者が火を放った、大混乱の中での失火説などがあり、民家の焼失についても鎮台側が防衛上の理由で火を付けたという説もある。官軍は実際にこの戦争で民家に火を付ける行為を複数回行っている。二十日の夜にも官軍の斥候《せっこう》兵が川尻《かわしり》で民家に放火するところを学校軍の偵察の兵に見付かり撃退された。これは薩摩の軍勢を過度に恐れた事によるもので、その逆に学校党は放火や略奪を厳禁し、官軍を「略奪軍」と非難している。

大火災のあった十九日、熊本で私学校を開いていた池辺吉十郎《いけべきちじゅうろう》ら七百名が薩摩軍に合流した。薩摩の学校党が挙兵の表看板を「政府に尋問の廉有之《かどこれあり》」としたのに対し、熊本の学校党は「禁闕《きんけつ》守護」を掲げた。天皇を囲い込んでいる奸臣《かんしん》を攘除《じょうじょ》するという意で、武装は火縄銃と日本刀であった。これとは別に馬術師範をしていた中津大四郎が門下生らを集めて四十数名で「滝口隊」を結成し、官軍の食糧庫から奪った米穀を薩摩側に届け、その後も兵站《へいたん》役を担った。他にも中江兆民の影響を受けて民権運動を行っていた宮崎八郎・平川惟一《いいち》らの「民権党」が、姦臣《かんしん》を除去し民権を拡める為として「協同隊」を結成し四百名の隊員が合流した。

城に程近い川尻《かわしり》での小戦闘の後薩摩軍は二十一日に熊本城を一万四千名の兵で包囲した。鎮台には陸軍少佐谷干城《たにたてき》（土佐）をはじめ歩兵や将校とその家族など二千六百四十名の他に応援で入った警視庁巡査五百名が入っていた。

二十二日、薩軍は城近くの段山と花岡山の頂上から城に向かって砲撃を加えた。夕方になって小倉鎮台から乃木希典《のぎまれすけ》が率いる官軍が駆け付けて植木で守備に着いていた学校軍を攻撃するが反撃され隊旗まで奪われて撤退した。乃木は責任を取って自刃しようとしたが周囲の者に止められて自制した。二十三日、城を一万名で包囲し残りは小倉方面へ出発したが午前八時頃再び乃木の部隊と遭遇し夜になってこれを敗走させたが、これは学校軍の進軍を遅らせるための牽制の攻撃だった。ここで博多方面からやって来る官軍に対抗する為に鎮台の包囲を更に三千名に減らして迎撃する事にした。

二十五日、高瀬と山鹿《やまが》でそれぞれ河川を挟んで早朝から戦闘が始まり薩軍は田原坂《たばるざか》上まで後退した。二十七日も未明から高瀬周辺で戦闘が発生し薩軍が押されて東京に向けての北上は困難になった。官軍が博多から大砲を押して熊本に行くには蛇行した田原坂《たばるざか》を進むしかないが、この一帯に薩軍は数千名を配置して待ち構えた。

三月四日、田原と吉次《きちじ》で戦闘が始まり指揮を執っていた篠原国幹《くにもと》が狙撃されて死亡したが、官軍の江田国通《くにみち》（少佐・薩摩）も銃弾を受けて死亡、一進一退の攻防となって両軍合わせて百十一名がこの一日で戦死した。田原での戦闘は三月二十日まで続き、これまでにない大量の弾丸が双方から発射された。雨が降ると不利となる前装式銃の薩摩勢が泥沼と化した泥濘《ぬかるみ》の中で

（四十二）〈西南戦争・中央集権確立への内戦〉

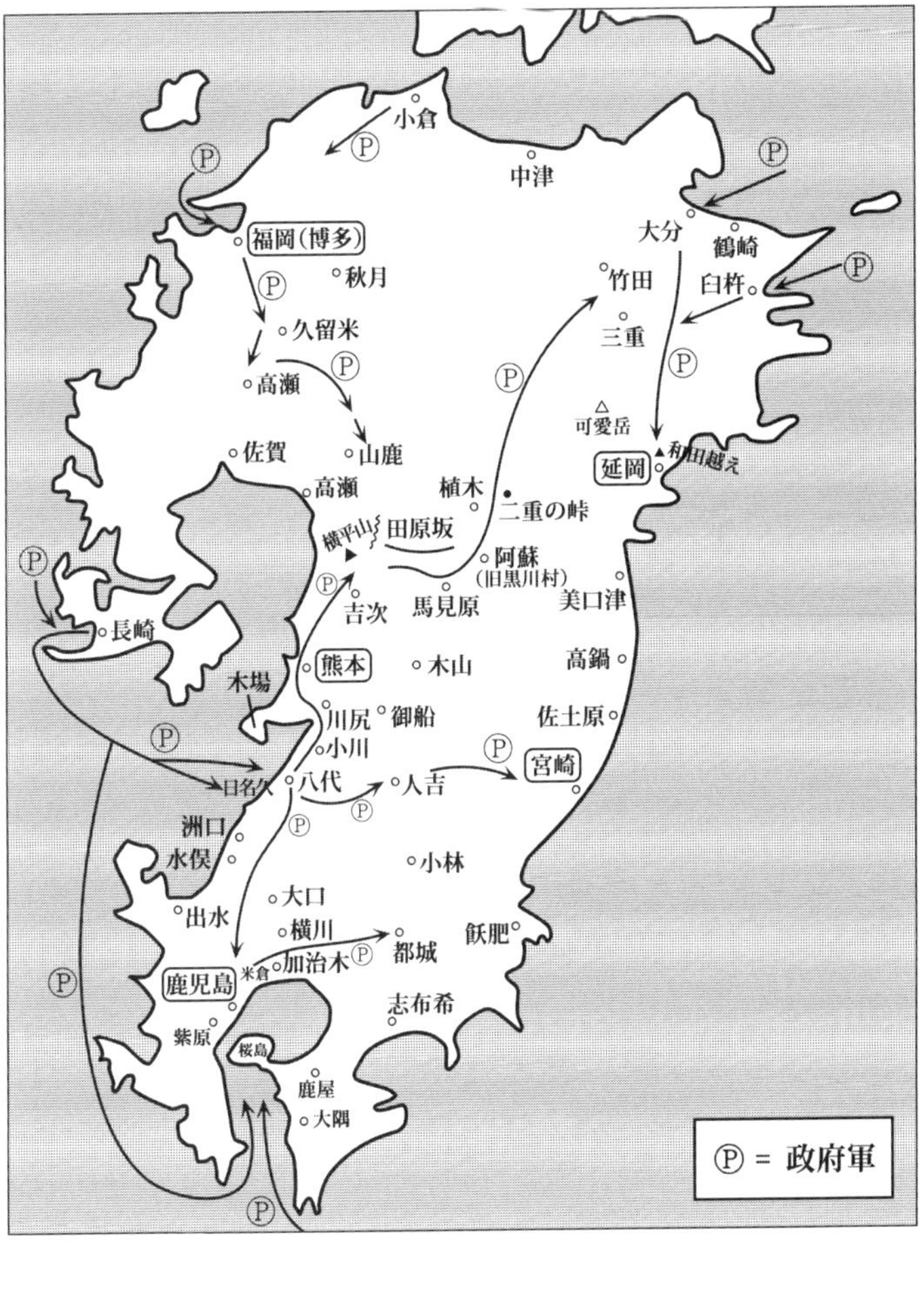

抜刀攻撃を行うと農商から徴兵された官軍兵では対処できず、手練《てだ》れの剣士を警視隊の中から選び出して抜刀隊を結成する事になった。

十五日、田原坂と吉次《きちじ》峠の間にある横平山を官軍が占拠したが、薩軍が攻撃すると一旦撤退し、その後抜刀隊を投入して再占拠した。効果はてき面で、その後薩軍は官軍の抜刀隊を忌避《きひ》する様になった。この日官軍は二百二十四名、学校軍は三十名の戦死者を出した。

警視隊一番小隊長として阿蘇入りしていた佐川官兵衛《かんべえ》の部隊に待ち望んでいた出撃の許可が出たのは十七日になってからだった。翌朝、佐川は出撃を前にして辞世の句を読んだ。「君が為　都の空を打ちいでて　阿蘇山麓に身は露となる」。肥後と豊後《ぶんご》（大分）を結ぶ二重《ふたえ》の峠へ向かうと黒川村で薩軍と遭遇し、抜刀しての白兵戦で相手の将と一騎打ちとなったところで潜んでいた狙撃兵の至近弾を受け戦死したと伝わるが、砲弾の破片を受けて即死したという話《はなし》もある。西郷への憎しみも大きかったが、死を覚悟しての出征は旧藩主や藩士らを思っての事であった。滞在中は阿蘇の地元民にも慕われ十数ヵ所の慰霊碑が建てられた。

二十日、官軍は総攻撃をかけ豪雨の中を砲撃して突進し、ついに田原坂の薩軍を植木方面に追いやった。両軍はこの一日で一連の戦闘中で最も多い戦死者を出し（官軍二百八十九名・薩軍二百六名）、官軍も弾薬不足が深刻となりその後は清国からの貸与《たいよ》を受けて工面した。こうして田原坂の戦いは十七日間費やして官軍によって制圧されたが、熊本城では包囲・籠城戦が続いていた。

城内では砲撃に四苦八苦し食糧不足も顕在化していたが、包囲する側も他の戦闘地からの要請を受けて一部が移動する様になり次第にその数を減らしていた。こうした中、十八日に警視隊五百名と歩兵二個大隊合わせて千四百名が長崎を経て洲口《すぐち》に上陸しそのまま八代《やつしろ》まで進んだ。さらに二十一日、参謀の黒田清隆が率いる別動隊が日奈久《ひなぐ》に上陸したのに続いて山田顕義《あきよし》（長州）、川路利良の部隊も上陸して総数八千名の官軍が集結した。

増援は更に続き薩軍による城の包囲は危うい状況になってきた。四月八日、近くの寺に保管しておいた数百俵の米や銃が官軍兵に奪われて城内に運び込まれた。さらに十四日には山川浩（中佐・会津）が別働第二旅団の中の選抜隊を率いて包囲網を破って城内との連結を開いた。

薩軍は兵員を補充する為に別府晋介《しんすけ》が鹿児島に戻って千五百名の新兵を徴集しこれらを率いて八代で官軍と戦闘をくり広げるが、別府が負傷してしまい敗走して川尻まで官軍が制圧した。

城の包囲が破られた薩軍と別府の部隊が合流し八千名の勢力で人吉まで進み本営を築いた。

五月に入って小戦闘が続いていたが、薩軍は弾薬が減ってきた為に鹿児島方面に南下し、二十四日紫原《むらさきばる》で白刃《はくじん》攻撃をかけて官軍側に二百十一名、自軍も六十六名の死傷者を出してさらに都城《みやこのじょう》へと移動した。軍資金は鹿児島の県費で工面していたが、不足分は布製の「西郷札《さいごうさつ》」を発行し、商家などで現金と交換させた。

七月八日、百引《ももびき》（鹿屋《かのや》）にいた官軍を抜刀で三方向から襲撃し九十五名を死傷させ、自軍も八名が死傷したがスナイドル銃五十挺など大量の武器を奪い官軍は民家に火を付けて撤退した。

薩軍は都城に防衛線を築いていたが、輸送船で上陸して来た官軍に二十四日ここを破られ北上を始めるとこの戦争の分岐点を迎えた。さすがの薩摩隼人《はやと》も草鞋《わらじ》さえ不足し裸足で脱走する者が増えて桐野利秋がこれを捕らえて斬っているという噂に接した西郷は桐野を呼んで逃げる者はそうさせてやれと宥《なだ》めた。八月に入ると大山巌《いわお》（陸軍少佐）が指揮する新撰旅団が宮崎に入った。会津・二本松・仙台等の東北の士族が多数で、警視隊の臨時徴用の巡査としてひと月にも満たない訓練を受けた後ミニエー銃を装備して最前線に送られたが白刃戦を得意として行った。この頃になると薩軍の勢力は三千八百名に減少し、官軍は五万名に増援されていた。

八月十四日、桐野利秋が指揮する精鋭隊が延岡で官軍を攻撃すると官軍は危うい状況に陥っていたが、救援がやって来たため撤退した。翌日の和田越《わだごえ》の戦いでは西郷自ら指揮を執ったが敗走させられ可愛岳《えのだけ》のふもとの長井村で包囲された。指揮の際には官軍兵の銃眼を故意に意識しない、「おれを撃て」という様な行動が見られた。西郷はここで降伏するか戦って死ぬか自ら決めよと声明を出し投降を公認したが、熊本から参軍した滝口隊の中津大四郎らはここで自刃した。挙兵して半年以上の長期になり銃弾が枯渇しているのを官軍も知っていて「投降する者は殺さない」という告示を出していた。西郷が声明を出した事により残ったのは五百名の精兵のみとなり、連れて来ていた二匹の愛犬もここで放された。

十七日夜、包囲網を破るため可愛岳《えのだけ》登頂を始め、翌日朝に下山しながら山の北側で守備に付いていた部隊を急襲すると想定外の方向からの攻撃に慌てた官軍兵は逃亡し大砲や銃弾多数と食糧を獲得して再び鹿児島方向に進み阻止線を破って小林《こばやし》まで大きく移動した。加治木《かじき》では官軍が固める防衛線の突破はできなかったが横川に迂回して九月一日に鹿児島に入ると官軍に制圧されて憤っていた住民が暴徒化して官兵を街から追い払うのを助けた。この日官軍は九十四名の戦死者を出し敗退、薩軍は城山を拠点化して市街を制圧した。しかし官軍は次第に包囲を狭め六日には西郷を含む三百七十二名を城山に封じ込めた。しばらく膠着状態が続く中で城山内部では西郷を助命させようとする動きが出たが二十二日に西郷は反乱の首領として後の世に恥を曝《さら》さぬよう決意の檄を出し、助命や降伏勧告を拒絶すると表明した。パークスは西郷をイギリスに亡命させる計画を持っていたが、西郷にその気は皆目無かった。

二十四日朝四時、五万名の官軍が総攻撃を開始した。西郷が流刑中の頃から親身にしていた桂《かつら》久武《ひさたけ》は兵站《へいたん》の責任者だったがここで弾丸を受けて死亡、他の多数も被弾し西郷も太股に銃弾を受けた後切腹、別府晋介が介錯した後に自身もその場で切腹した。西郷の死を看取《みと》った村田新八・桐野利秋らは一斉に突撃を開始し銃弾を受けて百五十九名が死亡、残りは降伏して五時間余りで戦闘は終わり日本で最後の内戦に終止符が打たれた。

七ヶ月を超える戦乱で薩軍は六千七百六十五名、官軍は六千四百三名が戦死、政府は税収のほとんどをこの戦争に費やした。軍艦・輸送船（三菱に委託）の他多数の大砲とスナイドル銃など学校党を圧倒する火力を使用したが学校党は練度も士気も高く、白刃攻撃を行って官軍の戦死者を増やすことになった。後半には弾薬不足となったが、兵員の投降を許可する事によって自軍の戦死者が増えるのを押さえた。出兵の当初からの大雪の影響もあり東京に進撃する目的は果たせなかったが戦闘は官軍と拮抗し長期に亘って続行された。スナイドル銃を装備した官軍兵に前装銃主体の学校軍が互角に戦えた根源は士族としての自意識であった。

徴兵制による兵員が抜刀攻撃に対応できない事が明らかになると政府は臨時徴募した士族の部隊を最前線に派遣した。ここで大役を果たしたのは藤田五郎・谷口四郎兵衛ら元新撰組隊士や京都見廻組の今井信郎《のぶお》らと東北の士族であった。会津からも旧藩士がこれに多数加わり福島県の割り当て分の四百五十名の徴募は三日間で満杯となった。この中の黒河内《くろごうち》友次郎が三月十二日に戦死したのを始めに同月十五日に内村直義、五月十八日に窪田重太（元白虎隊）、佐川官兵衛（元家老）・田原重文（白虎隊）・篠沢虎之助《とらのすけ》（白虎隊）ら多くが戦死し、他の藩も同様であったが、戦乱が収束するとこれらの人員はすぐに解雇された。

鹿児島県令の大山綱吉は公金を学校軍の戦費に流用させた事により捕らえられて翌年九月に斬首された。他に主要な役を担ったとして斬罪に処された者は二十二名、懲役刑等に処された者は二千七百六十名に上った。

鉄道敷設《ふせつ》は軍事と密接していて、明治五年（1872年）十月に新橋と横浜の間に鉄道が敷かれ、この戦争中に三万名の官兵が横浜港で待つ輸送船へこれに乗って移動した。

軍事には巨費が拠出されるが、これに関わる事によって利を得る集団が新たに出た。元奇兵隊員の藤田伝三郎《でんざぶろう》はこの戦争で同じ長州の井上馨・山縣有朋らと懇親を深め軍靴製造や他の軍需物資の便宜《べんぎ》を図る事によって巨利を得て藤田財閥を形成する。

「明治維新」と呼ばれるものは、徳川勢力を排除する（倒幕）までの第一期と、この原動力となった士族勢力（階級）を消滅させて中央集権を形成する第二期によって構成されると見るのが自然であり、西南戦争はその第二期の幕を引くものとなった。

（四十三）〈竹橋事件〉

徴兵令によって徴集された兵員の多くは生活に苦しんだ家庭の二男や三男で、ゆとりのある家庭の者は養子縁組で一家の家長の様に偽装する方法や現在の五百五十万円程の免役料を納めて多くの者が徴兵を免れていた。

西南戦争の戦地から戻った兵員は士官とは差別されて恩賞もわずかばかりで、戦費として巨額の金を費やした埋め合わせを強いられて隊舎で必要な配給品も削られた。この様な兵員達は戦時には偵察に出て旨そうな物を見つけて戻れば士官に半分、残りの半分は傷病兵に分け与える様な謙虚な二十代前半の若者たちであった。

明治十一年（１８７８年）八月二十三日、徴兵制の不公平と処遇の改善を天皇に直訴するため竹橋の陸軍近衛《このえ》砲兵部隊の二百十五名と東京鎮台の予備砲兵五十名が反乱を起こした。午後十一時半に銃の他に大砲三門を出して御所が焼失していたために仮住居となっていた明治天皇がいる赤坂離宮に向かおうとするが、これに気づいた大隊長らに制止されこの中の二名を銃撃戦で死亡させ馬屋と数軒の住居に火を付けて炎上させた。途中で軍費削減の先陣を切った大隈重信《しげのぶ》の住居を銃撃し赤坂離宮に着いたが、ここまでの戦闘で六名が死亡し半数近くが拘束又は投降し、鎮圧隊側にも六名の死傷者が出ていた。決起の情報が事前に察知されていて門前では別の近衛兵一個中隊（百八十名）が銃弾を込めて待ち構えていた。反乱を先導した大久保忠八《ただはち》はここで銃口を自分に向けて発射して自決し午前一時半に全員が投降して身柄を拘束された。

天皇護衛にあたる近衛兵による反乱は政府に大きな衝撃を与え、逮捕された者たちはその後陸軍裁判所に連行されて厳しい拷問を受け十月十五日に五十三名が銃殺刑の判決を受け当日に執行されたが、この他にも計二百六十三名に准流刑など厳しい処罰が下された。処刑された兵は二十代前半の農民・平民出身者らだった。それまでは多少はくつろげる隊内生活ができて士官学校でさえストライキなどが起きていたが、この反乱を契機に憲兵が設置され軍人勅諭《ちょくゆ》によって天皇への絶対服従を徹底し反乱の発生を抑止する様になった。

（四十四）〈朝鮮侵出・閔妃《びんひ》殺害へ〉

興宣大院君《こうせんだいいんくん》は１８６４年から朝鮮で政権を握り鎖国体制を維持していた。フランス人のキリスト教神父や自国のキリスト教信者を捕らえて処刑し、これに反発したフランス艦隊が江華島《こうかとう》へ侵攻すると反撃して撤退に追い込んだ。さらに通商を求めてやって来たアメリカ商船や艦隊とも衝突して撃退、１８６８年4月にはイギリス商船も撃退して攘夷を実行していた。１８７3年11月に義父に当る大院君の一派を追放して閔妃《びんひ》が政権を握ると開国に急転回したが、大院君の勢力もこれに抵抗を続けていて日本の台湾出兵をみた朝鮮は警戒を強めていた。

内情を調べる為朝鮮に派遣された外務省理事官の森山茂は閔妃と大院君の勢力との間で抗争が起こっているのを見て軍艦をもって挑発すれば成果を得るという所見を寺島宗則外務卿《きょう》（大臣）に上申した。

井上良馨《よしか》は慶応四年（１８６８年）一月四日の幕府海軍との阿波《あわ》沖海戦で薩摩藩の軍艦「春日丸《かすが》」に乗船した後にこの艦の艦長になり、その後旧長州藩の小型蒸汽軍艦「雲揚《うんよう》」の艦長に着任した。元々征韓論者ではあったが西郷とは行動を共にしなかった。明治八年（１８７

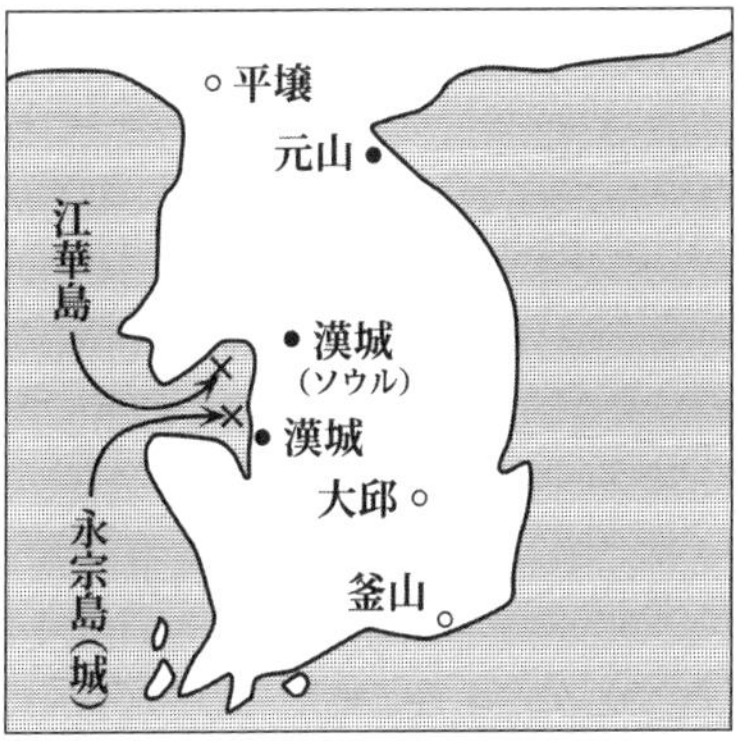

5年）五月に朝鮮に開国を迫るため政府が「雲揚」と「第二丁卯《ていぼう》」の二艦に出航を命じると井上は江華島周辺で測量や砲撃訓練を行って朝鮮政府を挑発した。江華島は漢城（ソウル）への入口にある重要拠点であったが朝鮮政府は清国と日本の船には攻撃しないと決めていた。九月二十日、日章旗を出していない「雲揚」が艀《はしけ》を降ろして江華島へ上陸しようとしたところ砲撃を受けて小銃で応戦して艦に戻った。

翌日、今度は日章旗を掲げて艦上からの砲撃を行った後上陸して兵舎に火を付けて戻った。その翌日に永宗《えいそう》城に砲撃し艀《はしけ》二隻で上陸すると小戦闘となったが、守備をしていた兵は開戦かどうかの判断が出来ずに撤退した。砲台は占拠され朝鮮側に三十五名の戦死者が出て、日本側も戦死一名が出たがその後「雲揚」は長崎に帰った。

日本は砲撃の責任を朝鮮側に問い質《ただ》すため黒田清隆と井上馨を六隻の軍艦とともに派遣し武力で威嚇して「日朝修好条規」（江華条約）を締結し朝鮮を正式に開国させた。

この条約によって釜山と他の二港を関税自主権を認めず

開港させ治外法権を認めさせると共に清国との関係を断たせた。閔妃《びんひ》は大院君との内紛を続けながら清国、日本、後にロシアへと接近して反日政策に傾いた。1895年十月、ロシアの閔妃を足懸《あしが》かりとする朝鮮への進出を危ぶむ三浦梧楼《ごろう》公使と公使館守備隊・在朝民間人、親日派の軍部隊「訓練隊」等が閔妃《びんひ》の政敵の大院君を担ぎ出してクーデターを決行した。十月八日午前七時、軍部隊の支援を受けた洋装に草鞋《わらじ》を履いた四十名ほどの日本人らは全員が遺書を書いた後刀を抜いて光化門《こうかもん》から王宮へと突入した。これに気付いた閔妃は宮女の服に着替えて難を逃れようとするがそこにいた宮女三名が斬殺され、写真によってその中の一名が閔妃である事が確認されて遺体は宮廷内で焼却された。日本政府は三浦公使をはじめとする事件の関係者を本国に召喚させて裁判にかけたが証拠不十分により全員無罪となり、関係諸国もロシアが抗議したのみでイギリスをはじめとする他の諸国はロシアの南下を警戒する観点から沈黙を守った。

（四十五）〈大久保の最期・加賀民権派による突出〉

旧加賀藩士の島田一郎・長連豪《ちょうつらひで》らは佐賀の乱での大久保の処罰のやり方に反発し鹿児島に足

を運んで西郷と合流を図っていたが機会を逸した後に政府要人《ようじん》の暗殺を計画し明治十一年（1878年）四月中旬から準備を進めた。警視庁大警視の川路利良は島田らの挙動を察知していたが加賀士族に突出した行動などできるはずが無いと軽視して対策をとらなかった。

同年五月十四日、大久保は霞が関の自宅で来訪者との応接を済ませ、朝八時過ぎに将校の勲章附与式に出席するため赤坂仮皇居へ従者と馬丁《ばてい》の三名で出かけた。

馬車が清水谷に差し掛かったところで羽織《はおり》姿で待っていた六名が刀を抜いて襲いかかった。馬丁は逃げ去ったが、従者は大久保を逃がすため馬車から飛び降りて丸腰で立ち向かい首を突かれて命尽きた。異変に気付いた大久保は馬車から飛び降りようとしたが間に合わずにつかまって引きずり出され全身滅多斬りにされて惨死《ざんし》した。

六名は刀を現場に捨てて一旦退ち去った後、その日の内に公議廃絶や民権抑圧を弾劾する斬《ざん》奸《かん》状を持って出頭した。この書状の中では西南戦争についても、鹿児島を挑発し天皇の軍隊を使って制圧した、と大久保を非難していた。六名は七月二十七日に謀殺罪により死刑判決を受け同日に斬首された。「かねてより　今日のある日を知りながら　今は別れとなるぞ悲しき」島田一郎（享年三十一）の辞世。一国の首領としては余りに手薄な防御体制であったが大久保の死は圧政者の行き着く先として肯定的に受けとった人々も多かった。

木戸孝允《たかよし》も島田らの暗殺目標となっていたが西南戦争半ばの五月二十六日に病死していた。

政権内には尊攘激派や謀略的な脈絡が潜在していて、これから六十年程過ぎると姿を変えて反軍の人士のみならず天皇側近の穏健派までつけ狙い「明治維新」ならぬ「昭和維新」を実現しようとする。「最も偉大なる……人物は大久保利通なり。……大久保は国の為めに其《その》郷党の友人を殺し子弟を殺せり。彼の眼中には日本ありて薩摩なかりき。……最も大久保に似たるものは伊藤侯なり……」(『アーネスト・サトウ公使日記』長岡祥三・福永郁雄訳より引用)。大久保の後に内務卿を引き継いだのは伊藤博文であった。

（四十六）〈あとがき〉

私は１９５６年の生まれで、大戦時に家の近くに特攻隊の訓練所があったためアメリカ軍の爆撃で家のすぐ脇に爆弾投下の穴があって畑からはその破片が出て来た。周辺にも「バクダン池」と呼ばれた小さな池が田ん圃の中にあってそこで小鮒などを釣って遊んだ。暫く釣りはやめていたが後になってまたやりだして栃木から北海道などを釣り歩いて、その途中で戊辰戦争の戦跡を見付けて興味を持つ様になった。勝者は敗者を悪者にして自らを正当化し歴史を作ると言う。

戦争の結末には去る者と生まれる者があるが「正義」が勝ったわけではない、とこの本を書いて思わされた。最後に資料を頂いた皆様・協力して頂いた皆様や読者の方々に感謝の意を表しプロフィールに代えさせて頂くことにする。

２０２３年１月

みさき　たろう（ペンネーム）

参考文献

幕末の天皇　藤田覚
島津久光＝幕末政治の焦点　町田明広
幕末長州藩の攘夷戦争　古川薫
攘夷の幕末史　町田明広
幕末の天皇・明治の天皇　佐々木克
江戸東京の明治維新　横山百合子
最後の藩主　八幡和郎 監修
幕末の長州　田中彰
長州奇兵隊　一坂太郎
『ザ・タイムズ』にみる幕末維新　皆村武一
覚書幕末の水戸藩　山川菊栄
カメラが撮らえた会津戊辰戦争　『歴史読本』編集部 編
福島県の歴史　小林清治・山田舜
会津武士道　中村彰彦
幕末明治製鉄論　大橋周治

会津戦争全史　星亮一
激白新撰組　永倉新八
守城の人　村上兵衛
会津鶴ヶ城の女たち　阿達義雄
素顔の西郷隆盛　磯田道史
日本とイギリス　宮永孝
房総諸藩録　須田茂
西南戦争　小川原正道
西南戦争　猪飼隆明
持丸長者　幕末・維新篇　広瀬隆
西郷隆盛　上田滋
アーネスト・サトウ公使日記（Ⅰ・Ⅱ）　アーネスト・サトウ 著／長岡祥三・福永郁雄 訳
イギリス紳士の幕末　山田勝
幕末天誅斬奸録　菊地明
暗殺の日本史　歴史の謎を探る会 編
孝明天皇と「一会桑」　家近良樹
会津の幕末維新　会津若松市

戊辰戦争　保谷徹
台湾出兵　毛利敏彦
維新の肖像　安部龍太郎
一外交官の見た明治維新（上・下）　アーネスト・サトウ 著／坂田精一 訳
英国外交官の見た幕末維新　A・B・ミットフォード 著／長岡祥三 訳
大君の都（上・中・下）　オールコック 著／山口光朔 訳
幕末維新史の定説を斬る　中村彰彦
三百藩戊辰戦争事典（上）　新人物往来社 編
西郷隆盛と士族　落合弘樹
千葉県の歴史　石井進・宇野俊一編
（他多数）
※出版社名省略

みさき　たろう

1956年に生まれ一小市民として千葉県に在住

幕末明治の戦乱と現代

2023年4月6日　第1刷発行

著　者　みさきたろう
発行人　大杉　剛
発行所　株式会社 風詠社
〒553-0001　大阪市福島区海老江5-2-2
大拓ビル5-7階
TEL 06（6136）8657　https://fueisha.com/
発売元　株式会社 星雲社
（共同出版社・流通責任出版社）
〒112-0005　東京都文京区水道1-3-30
TEL 03（3868）3275
装幀　2DAY
印刷・製本　シナノ印刷株式会社

ISBN978-4-434-31715-6 C0021